Conversational
PORTUGUESE
in 7 Days

*Master Language Survival Skills
in Just One Week!*

Hilary Fleming and Iza Moneiro Rainbow

*New York   Chicago   San Francisco   Lisbon   London   Madrid   Mexico City
Milan   New Delhi   San Juan   Seoul   Singapore   Sydney   Toronto*

Originally published by Hodder & Stoughton Publishers.

1 2 3 4 5 6 7 8 9 0   WKT/WKT   2 1 0 9 8 7 6 5 4 3

ISBN 0-07-143271-X (package)
        0-07-143270-1 (book)

Acknowledgments
The authors and publishers are grateful to J. Allan Cash Ltd. for supplying photographs and to Metropolitano de Lisboa for supplying the map on page 27.

McGraw-Hill books are available at special quantity discounts to use as premiums and sales promotions, or for use in corporate training programs. For more information, please write to the Director of Special Sales, Professional Publishing, McGraw-Hill, Two Penn Plaza, New York, NY 10121-2298. Or contact your local bookstore.

This book is printed on acid-free paper.

CONTENTS

INTRODUCTION

Conversational Portuguese in 7 Days is a short course in Portuguese that will equip you to deal with everyday situations when you visit Portugal or Brazil: shopping, eating out, asking for directions, changing money, using the phone, and so on.

The course is divided into 7 units, each corresponding to a day in the life of the Evans family during their week in Portugal. Each unit begins with a dialogue, which introduces the essential language items in context. Key phrases are highlighted in the dialogues, and the phrasebook section that follows lists these and other useful phrases and tells you what they are in English.

Within the units there are also short information sections in English on the topics covered, sections giving basic grammatical explanations, and a number of follow-up activities designed to be useful as well as fun. Answers can be checked in a key at the back of the book. Also available with this program are 2 CDs to help you practice your Portuguese.

A note about the currency used in this book. On January 1, 2002, 12 countries in the European Union, including Portugal, adopted the Euro as the national currency. In this book, the dialogues and text refer to the former currency of Portugal, the escudo. The official currency of Brazil is the Real, plural Reais.

Pronunciation

1   The following words are stressed on the second-to-last syllable:
      Words ending in the single vowels **a**, **e**, or **o**.
      Words ending in one of these vowels, followed by **s**, **m**, or **ns**.

2   The following words are stressed on the last syllable:
      Words ending in consonants other than **m** or **s**.
      Words ending in the single vowels **i** or **u**.
      Words ending in one of these vowels, followed by **s**, **m**, or **ns**.
      Words ending in dipthongs (two vowels together).
      Words ending in dipthongs, followed by **s**.

3   Exceptions to the above rules have a written accent: alf**â**ndega, caf**é**

Vowels:

a,á,à   **Open:** As in *father*: mar sapo, há

a   **Unstressed:** As in *henna*: casa, fantasia

e,é   **Open:** Sounds like a cross between the *e* in *bed* and the *a* in *bad*: ela, certo, pé, café

e,ê   **Closed:** As in *seance*: medo, cabeça, vê, você

e   **Unstressed:** At the beginning of a word, like *i* in *linen*: escuro, está
At the end of a word, *e* often disappears: azeite, cidade
(In Brazil, like *ee* in *meet*)

i,í   Like *ee* in *meet*: fica, típico

o,ó   **Open:** Like *ou* in *ought*: posso, agora, só, óculos

o,ô   **Closed:** As in *obey*: boa, amor, vovô, pôr

o   **Unstressed:** Like *u* in *put*: polícia, carro (In Brazil, like *oo* in *moon*)

u,ú   Like *oo* in *moon*: lua, música
Silent in **gu** and **qu** before **e** or **i**: guerra, guia, quero

Nasal vowels Pronounced simultaneously through the nose and mouth. Vowels are nasal when written with a tilde (˜), or followed by **m** or **n**. (The **m** and **n** are usually not pronounced.) Vowels followed by **m** or **n** may have written accents.

ã,am,an   Like *un* in *sung* (without the *g* sound): irmã, cama, banco, alfândega

em,en   Like *an* in *sang*: bem, contém, então, ênfase

im,in   Like *in* in *sing*: sim, inchado, língua

om,on   Like *on* in *song*: bom, ontem, almôndega

um,un   Like *oo* in *moon*, nasalized: um, pronúncia

Diphthongs Two vowels that combine to form a single sound. The emphasis is on **a**, **e**, and **u**, the strong vowels.

ai Like *y* in *my*: p**ai**, c**ai**xa

au Like *ow* in *town*: p**au**, s**au**dade

ei Like *ay* in *day*: l**ei**te, id**éi**a

eu Like the *a* of *day* merging into the *oo* of *moon*: pn**eu**, europ**eu**

oi Like *oy* in *annoy*: p**oi**s, **oi**to

ou Like *oa* in *boat*: v**ou**, **ou**tra

Nasal Diphthongs In addition to the following vowel pairs, **u** and **i** combine to form a nasal diphthong in one word only: m**ui**to.

ãe Like *y* in *my,* nasalized: m**ãe**

ão Like *ow* in *town,* nasalized: irm**ão**, naç**ão**

õe Like *oy* in *annoy,* nasalized: p**õe**, lim**õe**s

Consonants Similar to English, but with the following exceptions:

c Before a consonant, or **a**, **o**, **u**, like *k* in *keep*: **c**orreio, **c**rédito. Before **a** and **i**, like *s* in *sand*: **c**éu, **c**inema

ç Like *s* in *sand*: cal**ç**a, ma**ç**a

ch Like *sh* in *shock*: **ch**amar

g Before **e** or **i**, like *s* in *casual*: **g**elo. Otherwise, like *g* in *go*.

h Silent: **h**otel, **h**á

j Like *s* in *casual*: ho**j**e

lh Like *ll* in *million*: o**lh**ar, mi**lh**o

m At end of word, almost silent: be**m**, que**m**

n At end of word, or before final **s**, almost silent: hífe**n**, comu**n**s

nh Like *ni* in *onion*: vi**nh**o

qu Followed by **e** or **i**, like *k* in *keep*: **qu**ero, **qu**em, **qu**inta. If followed by **a**, like *qu* in *quarter*: a**qu**ário, **qu**ando

r Rolled at the beginning of word, like Spanish *r*: **r**ua, **r**ei (In Brazil, like *h* in *hat*.) In middle of word, like *dd* in *ladder*: ca**r**o, cu**r**to. At end of word, either pronunciation may be used, but final *r* is often very soft: lava**r**, esta**r**, parti**r** (In Brazil, may be silent.)

rr Rolled, like Spanish *r*: soco**rr**o, ca**rr**o (In Brazil, like *h* in *hat*.)

s At beginning of word or after consonant, like the *s* in *see*: **s**enhor, pul**s**o. Between vowels, like *z* in *lazy*: va**s**o, ca**s**a. At end of word or syllable, like *sh* in *shy*: e**s**ta, vamo**s**

ss Like *s* in *see*: po**ss**o

x At beginning of word, and sometimes between vowels, like *sh* in *shy*: **x**ícara, cai**x**a, bai**x**o. Like English *z* when **ex** comes before a vowel: **ex**igir

z When at end of word, sounds like *s* in *casual*: nari**z**

HELLO AND GOODBYE

Arrival   When you arrive in Portugal, you will find customs **(alfândega)** and passport procedures standard and easy to understand. Most information is given in English as well as in Portuguese. Most notices and signs will be in both languages.

muito prazer/pleased to meet you

Maria Evans (35) and her husband Frank (40) have come to Portugal to visit family and friends, as they do most summers. They have two children, José (15) and Célia (8). Luís Pereira, from the car-rental agency, is there to meet them at the Lisbon airport. They shake hands.

Luís:	**Olá, bom dia.** O meu nome é Luís Pereira, sou de ''Intercar.'' **É o senhor Evans?**
Frank:	Sim, sou. **Muito prazer,** senhor Pereira. **Apresento-lhe** a minha mulher.
Maria:	Bom dia. Muito prazer em conhecê-lo.

1

Luís: Muito prazer, minha senhora. Aqui está o seu carro. É para uma semana, não é? Aqui tem as chaves.

Frank: Muito **obrigado**. O senhor é muito amável. Até a próxima segunda feira. **Adeus**.

Luís: Obrigado e adeus.

Saying hello

Olá, bom dia.	Hello, good morning.
Boa tarde.	Good afternoon. (used until it begins to get dark)
Boa noite.	Good evening. Good night.

Saying goodbye

Adeus.	Goodbye. (friendly way to say goodbye any time)
Até logo./Até já.	See you later. See you soon.
Até a próxima.	Until next time.
Até a próxima segunda feira.	Until next Monday.

▶ ▶ ▶ **Addressing people in Portuguese**   You address a man as **senhor** (Mr.) and a woman as **senhora** (Mrs.), whether married or not. A young girl is **menina**, and a boy is **menino**. It is normal to shake hands both when meeting someone for the first time and when greeting a friend or acquaintance you may have met earlier the same day. Male and female friends and family members kiss women on the cheek in greeting. Note that there is a formal and an informal way of saying "you." In formal situations, use **o senhor** for a man and **a senhora** for a woman. When introducing a lady, one should say **a senhora dona**, followed by her complete name. If introducing a man, say **o senhor**.

Meeting people

Como se chama? Qual é o seu nome?	What is your name?
O meu nome é . . ./Chamo-me . . .	My name is . . .
É o senhor Evans?	Are you Mr. Evans?
Sim, sou eu.	Yes, I am.
Apresento-lhe . . .	Let me introduce you to . . .
o meu marido, a minha mulher	my husband, my wife
a meu amigo, a minha amiga	my friend (male, female)
a senhora dona Maria Evans	Mrs. Maria Evans
o senhor Frank Evans	Mr. Frank Evans
Muito prazer.	Pleased to meet you.
Não é?	Isn't it? Aren't you?

Saying "Yes please" and "No thank you"

Se faz favor./Faz favor./ Por favor.	Please.
(Muito) obrigado.	Thank you (very much). (man)
(Muito) obrigada.	Thank you (very much). (woman)
Sim, por favor.	Yes, please.
Sim, obrigado (obrigada).	Yes, thank you.
Não, obrigado (obrigada).	No, thank you.
De nada./Não tem de que.	Don't mention it./ You're welcome.

Other useful phrases

O senhor é (muito) amável.	You are (very) kind. (to a man)
A senhora é (muito) amável.	You are (very) kind. (to a woman)
Aqui está/estão . . .	Here is/are . . .
Aqui tem . . .	Here you have . . . Here it is (they are).

the way it works

People and things

In Portuguese, words for both people and things are either masculine or feminine. The word for "the" is **o** for a masculine word (**o senhor** = the man, **o carro** = the car), and **a** for a feminine word (**a senhora** = the lady, **a chave** = the key).

Most words ending in -o are masculine (**o amigo** = male friend, **o filho** = son), and most words ending in -a are feminine (**a amiga** = female friend, **a filha** = daughter). But there are several other endings, and it helps to learn each new word together with **o** or **a**. You won't always be right, but you will usually be understood!

To make a word plural

o > os   a > as

1 Add -s if the word ends in a vowel: **o carro—os carros** (the car, the cars); **a senhora—as senhoras** (the lady, the ladies).

2 Add -es if the word ends in a consonant: **o senhor—os senhores** (the man, the men).

These are general rules, but there are exceptions, which will have to be noted as you go along.

To Be

In the dialogue you learned two verbs meaning "to be": **ser** and **estar**.

Ser (Who are you?/What are you?)

Sou Luís Pereira.	I am Luís Pereira.
É muito amável.	You are very kind.
Frank é inglês.	Frank is English.
Ela é portuguesa.	She is Portuguese.

*Note: **é** can be used to say "you are," "she is," "he is," and "it is."

This is what the verb **ser** looks like in the present tense (note the different ways of saying "you"):

singular

(eu)	sou	I am
(tu)	és	you are (intimate)
(ele/ela)	é	he/she/it is
(o senhor)	é	you are (polite, masc.)
(a senhora)	é	you are (polite, fem.)
(você)	é	you are (friendly)

plural

(nós)	somos	we are
(os senhores)	são	you are (masc.)
(as senhoras)	são	you are (fem.)
(vocês)	são	you are (friendly)
(eles/elas)	são	they are

Use this verb for saying *who* you are and *what* you are. You can use it for:

1 Stating your nationality

Eu sou inglês. (I am English.)

2 Describing your appearance:

Eu sou alto. (I am tall.)

3 Describing your character:

Eu sou inteligente. (I am intelligent.)

4 Stating a relationship:

Eu sou a mulher. (I am the wife.)

5 Stating your occupation:

Eu sou professor. (I am a teacher.)

6 Saying where you are from:

Eu sou de Nova Iorque. (I am from New York.)

Estar (How are you?/Where are you?)

Como está?	How you are? (singular)
(Eu) estou bem.	I am fine.
Como estão eles?	How are they?
(Eles) estão bem.	They are fine.

This is the second verb meaning "to be." Use this verb for:

1 Saying how you are:

Estou bem. (I am fine.)

2 Saying where you are:

Estou em Lisboa. (I am in Lisbon.)

3 Asking how people are:

Como está? (How are you?)
Como estão eles? (How are they?)

4 Saying where things are:

Aqui está/Aqui estão. (Here it is./Here they are.)

This is its present tense:

singular			*plural*		
(eu)	estou	I am	**(nós)**	estamos	we are
(tu)	estás	you are	**(os senhores)**	estão	you are (masc.)
(o senhor)	está	you are (polite, masc.)	**(as senhoras)**	estão	you are (fem.)
(a senhora)	está	you are (polite, fem.)	**(vocês)**	estão	you are (friendly)
(você)	está	you are (friendly)	**(eles/elas)**	estão	they are
(ele/ela)	está	he/she/it is			

My/your/his

You have seen two examples of these possessive adjectives so far: a **minha** mulher (**my** wife), o **seu** carro (**your** car). This is how they are used:

The possessive adjective is singular or plural, masculine or feminine, depending on the noun it is describing.

Masculine nouns (car)
o **meu** carro (**my** car)
os **meus** carros (**my** cars)
o **seu** carro (**his/her/your** car)
os **seus** carros (**his/her/your** cars)
o **nosso** carro (**our** car)
os **nossos** carros (**our** cars)

Feminine nouns (daughter)
a **minha** filha (**my** daughter)
as **minhas** filhas (**my** daughters)
a **sua** filha (**his/her/your** daughter)
as **suas** filhas (**his/her/your** daughters)
a **nossa** filha (**our** daughter)
as **nossas** filhas (**our** daughters)

Note: The adjective agrees in number (sing./plural) and gender (masc./fem.) with the word it accompanies, and not with the possessor.

Asking questions

This is quite straightforward and works in three different ways. You can:
1 Start with a question word:

como?	(how?)
onde?	(where?)
quem?	(who?)
qual?	(which?)
quanto?	(how much?)
quantos/quantas?	(how many?)

Como está?	How are you?
Qual é o seu filho?	Which is your son?

2 Make a statement but raise the pitch of your voice at the end, and also your eyebrows!
Ela é a sua filha?   She is your daughter?

3 Again make a statement but add **não é?** (Isn't it, etc.) at the end:

É para uma semana, **não é?**	It's for a week, isn't it?
Ele é o seu filho, **não é?**	He is your son, isn't he?

Negative statements

If you want to make a negative statement, put **não** immediately before the verb:
Ele **não** é o meu filho. He is not my son.

things to do

Maria and Frank are in Customs. How do they answer the customs officer?

Funcionário:	Os seus passaportes, por favor. São os senhores Evans?

1.1

Frank:	. . . .
Funcionário:	São seus filhos?
Maria:	. . . .
Funcionário:	É a sua mala (suitcase), não é?
Maria e Frank:	. . . .
Funcionário:	A chave, se faz favor.
Frank:	. . . .
Funcionário:	Obrigado.
Frank:	. . . .

1.2 Use **ser** or **estar** to complete these statements.

1 Eu . . . a senhora Martins.
2 Nós . . . professores.
3 Ele . . . inglês.
4 Eles . . . turistas (tourists).
5 Eu . . . portuguesa.
6 Nós . . . em Portugal.
7 A senhora . . . amável.
8 Ele . . . de (from) Ohio.

1.3 Choose the correct possessive adjectives from the list below and fill in the blanks. Don't forget that the gender (feminine/masculine) and number (singular/plural) must agree with the word:

meu/meus, minha/minhas, nosso/nossos, nossa/nossas, seu/seus, sua/suas

1 É o . . . (mine) carro.
2 É o . . . (your) nome?
3 É a . . . (our) casa (house).
4 São os . . . (our) filhos.
5 É a . . . (mine) mala.
6 São as . . . (your) chaves.

6

ARRIVING AT THE HOTEL

In Portugal, there are many kinds of accommodation. You can choose from a hotel, a **pensão** or **residencial** (bed and breakfast), or, if you are in one of the many historical towns, a **pousada** (a historical building converted into a hotel and run by the government). Guests are asked to fill out a registration form—**uma ficha**—on arrival, and may have to leave their passports at the reception desk overnight.

aqui tem as chaves/here are the keys

That afternoon, Maria, Frank, and the children arrive at their hotel in Lisbon and go to check in at the desk **(recepção)**. Frank explains that they have already reserved two rooms—one with twin beds and one with a double bed. He wants to know if there is a bathroom.

Frank: Boa tarde. Sou o senhor Evans. **Tenho dois quartos reservados:** um com duas camas e outro com cama de casal.

Recepcionista:	Ah. Sim! Sr. Evans, **faça o favor de** preencher esta ficha. (He fills in the form.)
Recepcionista:	**O seu passaporte, se faz favor.** (He hands her his passport.)
Recepcionista	Obrigada. **Aqui tem** as chaves. São os quartos cinco (5) e sete (7) no segundo andar.
Maria:	Os quartos têm casa de banho?
Recepcionista:	Sim, têm.
Maria:	E **a que horas** servem o pequeno almoço?
Recepcionista:	O pequeno almoço é **das 8 horas às 10 horas.**
Maria:	Muito obrigada.
Recepcionista:	De nada. Até logo.

Checking in

Tenho dois quartos reservados.	I have reserved two rooms.
um quarto com duas camas	a room with twin beds
um quarto com cama de casal	a room with a double bed
Faça o favor de preencher esta ficha.	Please fill out this form.
Aqui tem as chaves.	Here are the keys.
no segundo andar	on the second floor
Tem? Há?	Is there?/Are there?
Tem casa de banho? (*Braz.*: **banheiro**)	Is there a bathroom?
Sim, tem (há)./Não, não tem (há).	Yes, there is./No, there isn't.
A que horas servem . . . ? o pequeno almoço (*Braz.*: **o café da manhã**)	What time do you/they serve . . . ? breakfast
das oito (horas) às dez (horas)	from 8 (o'clock) to 10 (o'clock)

Reserving a room

Há quartos vagos?	Are there any rooms free?
para duas noites	for two nights
. . . uma semana	. . . one week
. . . uma pessoa	. . . one person
com uma cama/duas camas/cama de casal	with a single bed/twin beds/double bed
com casa de banho (*Braz.*: **banheiro**)/**um chuveiro**	with a bathroom/a shower
quarto e pequeno almoço (*Braz.*: **café da manhã**)	bed and breakfast
primeiro andar	first floor
Posso ver o quarto?	Can I see the room?
Qual é o preço?	What is the price?

PENSÃO CHIQUE
DIARIAS
DORMIDAS
REFEIÇÕES
ÓPTIMOS QUARTOS
TODOS COM AGUAS
QUENTES E FRIAS
3ª ANDAR

See the Topic Vocabulary on page 80 at the back of the book for numbers.

ORDERING DRINKS AND SNACKS

When in Portugal, you can have a drink at any time, in a bar **(o bar)** or a pastry and coffee shop **(a pastelaria).**

vamos tomar alguma coisa/let's have a drink

Before the evening meal, the Evans family goes to the hotel bar.

Empregado:	Boa tarde, senhores. **Que desejam tomar?**
Frank:	Célia, **que queres tomar?**
Célia:	Eu quero **um sumo de laranja**, pai.
Maria:	E tu, José, o que queres?
José:	Eu quero **uma cola com gelo.**

Frank:	**Para mim,** uma imperial, por favor. E tu, o que tomas, Maria?
Maria:	Um aperitivo de vinho do Porto, se faz favor.
Empregado:	**E querem comer alguma coisa?**
Frank:	Uhm . . . uma dose de azeitonas verdes.
Maria:	E para mim, meia dose de queijo da Serra.

At the bar

Que desejam tomar (*or* beber)?	What do you want to drink? (plural)
O que queres tomar?	What do you want to drink? (familiar, singular)
um sumo de laranja (*Braz.*: um suco)	an orange juice
pai/mãe	dad/mom
uma cola com gelo	a cola with ice
e/é	and/is
para mim	for me
Querem comer alguma coisa?	Do you want to eat something?

As bebidas alcoólicas (Alcoholic beverages)

o vinho tinto/branco/rosé/verde	wine: red/white/rosé/''green'' (from the Minho region)
o vinho do Porto	Port wine
o xerez seco/doce/amontilhado	sherry: dry/sweet/medium
uma garrafa de vinho	a bottle of wine
meia garrafa de vinho	half bottle of wine
um copo de vinho	a glass of wine
uma cerveja	a beer
uma imperial (*Braz.*: chopp)	draft beer
uma cerveja preta	dark beer

As bebidas não alcoólicas (Non-alcoholic beverages)

água	water
uma água mineral	a mineral water
um sumo (de fruta) (*Braz.*: um suco . . .)	juice of . . .
laranja/limão/ananás (*Braz.*: abacaxi)	orange/lemon/pineapple
um sumo natural	a freshly squeezed fruit juice
uma cola	a cola
uma limonada	a lemonade
um batido de chocolate/baunilha	a chocolate/vanilla milk shake
um copo de leite	a glass of milk
um café com leite	a coffee with milk (white coffee)
um chá com leite	a tea with milk
um chá com limão	a tea with lemon
uma bica (*Braz.*: um cafezinho)	a small black coffee

11

Os acepipes (Appetizers)

uma dose de . . .	a portion of . . .
meia dose de . . .	half portion of . . .
duas doses de . . .	two portions of . . .
azeitonas verdes/pretas	green/black olives
amêijoas	small clams
caracóis	snails
carnes frias	cold cuts
chouriço	smoked pork sausages
croquetes de bacalhau	codfish croquettes
rissóis de camarão/galinha	deep-fried turnovers filled with shrimp/chicken
lingüiça frita	thin-sliced fried sausage
queijo da Serra	cheese from Serra da Estrela

Snacks

uma tosta mista (*Braz.*: um misto quente)	toasted ham and cheese sandwich
uma sandes de queijo (*Braz.*: um sanduíche ...)	a cheese sandwich
uma sandes de fiambre/ presunto	a cooked/smoked ham sandwich
um prego	a steak sandwich
um bolo	a cake
um cachorro-quente	a hot dog
uma humburguesa	a hamburger

Ice cream

Um gelado de . . . (*Braz.*: un sorvete de . . .)

morango	strawberry
baunilha	vanilla
chocolate	chocolate
nata	cream
laranja	orange
limão	lemon
ananás (*Braz.*: abacaxi)	pineapple
mamão	papaya
coco	coconut
caju	cashew fruit

the way it works

Um, uma; dois, duas

The word for "a" is **um** for masculine words, and **uma** for feminine words: **um** sumo (a juice), **uma** cerveja (a beer). Use **um/uma** to say the number "one," also.

Likewise, the number "two" agrees with the gender of the word it accompanies: **dois** quartos (two rooms), **duas** camas (two beds).

Adjectives

Similarly, adjectives agree with what they are describing: **um** quart**o** pequen**o** (a small room), **uma** mal**a** pequen**a** (a small suitcase), **duas** cas**as** modern**as** (two modern houses), **dois** filh**os** pequen**os** (two small sons).

There is/there are

These expressions are similar to those found in the second dialogue:

Tem casa de banho?	Is there a bathroom?
Sim, tem.	Yes, there is.

He could also have asked: **Tem duas casas de banho?** (Are there two bathrooms?) This is because **tem** means both "there is" and "there are," and "is there?," "are there?." Another way of saying **tem** is **há**. **Há chuveiro?** (Is there a shower?).

Saying what you want

One of the first things you want to be able to say is "I want." You can do this by naming the object and adding **por favor** (uma cola, **por favor**) or you can use the verb **querer** (to want):

Quero uma cola.	I want a cola.
Queremos uma garrafa de vinho.	We want a bottle of wine.

The present tense of the verb **querer** is as follows:

Singular			Plural		
(eu)	**quero**	I want	(nós)	**queremos**	we want
(tu)	**queres**	you want	(vocês)	**querem**	you want
(o senhor)	**quer**	you want	(os senhores)	**querem**	you want
(a senhora)	**quer**	you want	(as senhoras)	**querem**	you want
(você)	**quer**	you want	(vocês)	**querem**	you want
(ele/ela)	**quer**	he/she wants	(eles/elas)	**querem**	they want

the way it works

1.4 Can you tell which answer goes with which question?
- (a) O que quer o senhor?
- (b) Como está, senhora dona Lurdes?
- (c) Há casa de banho?
- (d) Quem são eles?
- (e) Carlos, quer comer alguma coisa?

1 São meus amigos.
2 Quero um café, por favor.
3 Sim, há.
4 Não, obrigado.
5 Bem, obrigada.

GETTING AROUND

onde fica. . .?/where is. . .?

The Evans leave their hotel after breakfast and walk to Rossio train station, where in the afternoon they will meet Maria's niece, Cristina. They ask a passerby for directions.

vire à direita/turn right

Frank:	Faz favor, **qual é o caminho** para a estação do Rossio?
Passante:	**Tome a primeira à esquerda** e **siga em frente** até a Av. (Avenida) da Liberdade. **Vire à direita** na Av. da Liberdade e a estação do Rossio está **à sua esquerda.**
Frank:	(smiling) **Mais devagar,** por favor.
Passante:	Tome a primeira à esquerda e siga em frente até a Av. da Liberdade. Vire à direita na Av. da Liberdade e a estação do Rossio fica à sua esquerda.
Frank:	Muito obrigado.
Passante:	De nada.

José is interested in monuments and historical buildings, and in Rossio they drop in at the Tourism Office (**a agência de turismo**).

José:	Bom dia. A senhora **tem** um mapa de Lisboa?
Funcionária:	Sim, **tenho. Aqui está.**
José:	Obrigado. **Onde fica** o Castelo de São Jorge?
Funcionária:	O Castelo de São Jorge **fica aqui à direita** (showing it on the map).
José:	Ah, sim. E a Av. da Liberdade, **é longe?**
Funcionária:	Não! **É muito perto! É aqui em frente.** O menino **só tem que atravessar** a Praça dos Restauradores.
José:	Muito obrigado, minha senhora.
Funcionária:	De nada. Adeus.

Were is it?

Qual é o caminho para . . .?	Which way is . . .?
para a estação do Rossio	to the Rossio station
para a catedral	to the Cathedral
para o Estoril	to Estoril
para o sul	to the south
vá/vai	go
dobre/vire/corte	turn
tome	take
siga/segue	continue
siga em frente	continue straight ahead
até	until, up to
primeira/última/próxima	first/last/next (fem.)
primeiro/último/próximo	first/last/next (masc.)
Onde fica . . .?/Onde é . . .?	Where is . . .?
a agência de turismo	the Tourism Office
o Castelo de São Jorge	St. George's Castle
a Praça dos Restauradores	Restauradores Square
É/Fica . . .	It is . . .
aqui/ali/lá	here/there/there (further)
à direita/à esquerda	on the right/on the left
em frente (do, da)	in front (of the), facing
atrás (do, da)	behind (the)
ao lado (do, da)	beside (the)
perto (do, da)	near (the)
longe (do, da)	far (from the)
muito perto, muito longe	very near/very far

Other useful phrases

só tem que . . .	you only have to . . .
atravessar . . .	to cross . . .
a rua	the street
a praça	the square
a avenida	the avenue
junto à/ao	next to
à esquina	at the corner
na próxima esquina	at the next corner
até o fim	to the end
nos semáforos	at the traffic lights
do outro lado	on the other side
Tem um mapa . . .?	Do you have a map . . .?
de Portugal	of Portugal
de Lisboa	of Lisbon
da cidade	of the city
do centro	of downtown

the way it works

Help! Help!

Desculpe, não percebo. (*Braz.*: . . . não entendo)	Sorry, I don't understand.
Pode/podia repetir?	Can/could you repeat that?
Mais devagar, por favor.	More slowly, please.
Mostre no mapa, se faz favor.	Show it to me on the map, please.

Excuse me!

In the first dialogue, look at the way Frank gets the attention of the passerby in order to ask him a question: **Faz favor,** qual é o caminho para a estação do Rossio? You have already learned that the expression **faz favor** is one way of saying "please." Now you know that **faz favor** also means "excuse me" when you want to attract someone's attention.

If you have to *interrupt* a conversation or other activity to get a person's attention, you should say **desculpe** (I'm sorry). This will serve as a polite apology for the interruption.

Where is it?

To find out where places are, start the phrase with the words, **onde é** or **onde fica,** followed by the subject in question.

Onde é a sua casa? Onde é a estação?
Onde fica o Castelo? Onde fica a rua Silveira Pessoa?

Ficar

You are familiar with two verbs in Portuguese meaning "to be"—**ser** and **estar**. **Ficar** is the third "to be" verb, and it is interchangeable with **ser** only when used to explain where something is located. When saying where things are, the verb **ficar** is used to refer to anything that has a fixed, permanent position, like a building, a garden, or a monument. Although **ficar** has other meanings, it is usually used to indicate location.

position

O museu fica ao lado da agência de turismo	The museum is next to the Tourism Office.

location

A catedral fica na Praça da República.	The cathedral is in Republic Square.
O hotel fica na rua Paraíso.	The hotel is on Paradise Street.
A estação fica na segunda rua à esquerda.	The station is on the second street on the left.

How to get there

Look at this phrase from the first dialogue: **tome a primeira (rua) à esquerda** (take the first [street] on the left). The verb **tomar** appears in the form of a *command*—**tome!**—known as the imperative. This form of the verb is used when giving directions, like this.

Siga em frente.	Go straight ahead.	**Corte** à esquerda.	Turn left.
Vire à direita.	Turn right.	**Vá** por aqui.	Go this way.

In, on, at

Em means "in," "on," or "at." When placed in front of a singular noun it combines with the **o** or the **a** which accompanies the noun to mean "in the/on the/at the," like this:

em + o = no	em + o banco = no banco	at the bank/in the bank
em + a = na	em + a casa = na casa	in the house

Note the exception: **em** casa (*at home*).

Similarly for the plural **os** and **as**:

em + os = nos	em + os carros = nos carros	in the cars
em + as = nas	em + as ruas = nas ruas	in the streets/on the streets

Here are a few more examples of contraction of the article with definite prepositions:
de (of, from)

de + **o** = **do**	vinho **do** Porto (vinho de + o Porto) Port wine (lit. wine from Porto)
de + **a** = **da**	Rua **da** Rosa (Rua de + a Rosa) Rose Street (lit. street of the rose)

a (to, on)

a + **a** = **à**	**à** esquerda/**à** direita on the left/on the right
a + **o** = **ao**	**ao** lado next to/beside the

Ter (to have)

When in the last dialogue José asked at the Tourism Office for a map, the verb he used was **ter** (to have):

Tem um mapa?	Do you have a map?
Sim, tenho.	Yes, I do (have one).
Lamento, mas não tenho.	Sorry (I regret), but I don't have (one).

You don't need to use another verb to ask a question with **ter**. All you have to do to ask for something is say **tem**, followed by what you want:

Tem quartos vagos?
Tem gelado de chocolate?

Some of the uses of the verb **ter**:
1. to give the idea of having things for sale

Tem postais?	Do you have postcards?

2. to give the idea of having to do something

Tenho que ir.	I have to go.

3. to give the idea of availability or of possession

Tenho tempo.	I have time.
Tem dinheiro?	Do you have money?

4. to say how old you are

Quantos anos **tem?**	How old are you? (lit. How many years do you have?)
Tenho quinze anos.	I am fifteen years old.

5. to say that you are hungry or thirsty

Tenho fome e **tenho** sede.	I'm hungry and thirsty.

Here is the *present tense* of **ter**.

tenho	I have	**temos**	we have
tens	you have (familiar)	**têm**	you have
tem	you have	**têm**	they have
tem	he/she/it has		

Instead of using the verb **ter**, you can say **há**, meaning "there is," "there are"/"is there?," "are there?" (See Monday Afternoon.)

Verb groups

In Portuguese, verbs can be grouped in three categories:

1st group   verbs ending in -**ar**, like fal**ar** (to speak), compr**ar** (to buy), cheg**ar** (to arrive)

2nd group   verbs ending in -**er**, like beb**er** (to drink), com**er** (to eat), **conhecer** (to know)

3rd group   verbs ending in -**ir**, like part**ir** (to leave)

So far you have learned *irregular* verbs (**ser, estar, ter, querer**)—the ones that do not follow a standard pattern when conjugated. Now for some easier ones, the *regular verbs*. Here are two regular verbs of the same group, in the present tense:

	falar (to speak)	**chegar** (to arrive)
(I)	fal**o**	cheg**o**
(you)	fal**as**	cheg**as**
(he/she/it)	fal**a**	cheg**a**
(we)	fal**amos**	cheg**amos**
(you)	fal**am**	cheg**am**
(they)	fal**am**	cheg**am**

To conjugate *all* regular verbs of the -**ar** group, you just have to separate the root (**fal-, cheg-**) of the verb and add the same endings as above.

Now, let's take a look at some regular verbs of the *2nd* and *3rd groups* and their endings in the present tense:

	2nd group		3rd group
	beber (to drink)	**comer** (to eat)	**partir** (to leave)
(I)	beb**o**	com**o**	part**o**
(you)	beb**es**	com**es**	part**es**
(he/she/it)	beb**e**	com**e**	part**e**
(we)	beb**emos**	com**emos**	part**imos**
(you)	beb**em**	com**em**	part**em**
(they)	beb**em**	com**em**	part**em**

These are the same endings you will use for all the other regular verbs in these two groups.

things to do

2.1 Answer the questions using **ter** (to have):

1 Quantos anos tem?
(Say you are 20, or give your real age.)

2 Tem filhos? Quantos?
(Say how many children you have. Remember: use **não** before the verb if you don't have any.)

3 Quantos quartos tem a sua casa?
(How many rooms does your house have?)

2.2 Look at the map of downtown Lisbon. You are in the Praça do Comércio (on the spot marked * facing north) and you overhear these instructions being given to three passersby. Where is each person going?

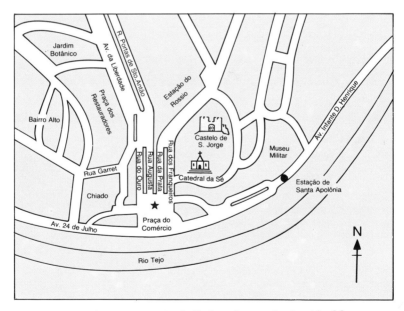

1a. pessoa: Corte a primeira à direita, siga em frente até o Museu Militar (à esquerda) e a . . . está à direita.

2a. pessoa: A senhora segue à direita pela Rua dos Franqueiros, e depois toma a segunda à direita. Continua em frente e a . . . está à esquerda.

3a. pessoa: Continua sempre em frente até o fim da Rua Augusta. Ali à direita está a . . .

FINDING OUT THE TIME

que horas são/what time is it?

The family is at the Rossio station to meet Cristina, who is traveling from Beja.

Maria:	Frank, **que horas são?**
Frank:	**São dez e meia.**
Maria:	(Maria walks up to the information desk.) Faz favor, **a que horas parte** o comboio **de Beja para Lisboa?**
Funcionário:	**De manhã ou de tarde?**
Maria:	De manhã.
Funcionário:	Parte de Beja **às dez horas e um quarto.**
Maria:	E **a que horas chega** em Lisboa?
Funcionário:	Chega **às onze horas menos um quarto.**
Maria:	**Está atrasado?**
Funcionário:	O comboio que parte de Beja, **hoje** está **avariado.** O **próximo** comboio de Beja parte às doze horas e um quarto, e cheja a Lisboa às duas horas menos um quarto
Maria:	Ah! . . . Obrigada. **Volto mais tarde.**

Asking the time

Que horas são?	What time is it?
São dez (horas) e meia.	It's half past ten.
A que horas parte o comboio?	When/at what time does the train leave?

de Beja para Lisboa	from Beja to Lisbon
de manhã ou de tarde?	in the morning or in the afternoon?
Parte às dez (horas) e um quarto.	It leaves at a quarter after ten.
A que horas chega?	When does it/he/she arrive?
Chega às onze (horas) menos um quarto.	It arrives at a quarter to eleven.
Está à tabela?	Is it on time?
Está atrasado/atrasada?	Is it late?
o comboio da manhã	the morning train
que parte/que chega	that leaves/that arrives
está avariado	has broken down
Volto mais tarde.	I will come back later.
Volto dentro de meia hora.	I'll come back within half an hour.

Times of the day

de manhã	in the morning
de tarde	in the afternoon/early evening
de noite/à noite	in the evening/at night

Expressions of time

ontem/hoje/amanhã	yesterday/today/tomorrow
há uma hora/há uma semana atrás	an hour ago/a week ago
daqui a uma hora	an hour from now
dentro de meia hora	within half an hour
na próxima segunda-feira	next Monday

For numbers, refer to the Topic Vocabulary at the back of the book.

the way it works

Understanding time

Que horas são? São . . .　　　　What time is it? It's . . .

são duas (horas)　　　　**são** seis (horas)　　　　**são** nove (horas)

The verb **ser** is always used in the plural **(são)** except for one o'clock, midnight, and noon, and to say "a quarter to" **(um quarto para)**, when it is used in the singular **(é)**:

é uma hora — it's one o'clock

É meio-dia. — It's noon (midday).
É meia-noite. — It's midnight.

Os minutos (minutes)

The word **e** (and) is used to "add" the minute to the hour. A quarter of an hour is **um quarto.**

É uma (hora) **e** trinta (minutos).
É uma (hora) **e** meia.

São duas (horas) **e** cinco (minutos).

São cinco (horas) **e** quinze (minutos).
São cinco (horas) **e** um quarto.

The minutes *to the hour* are expressed either by the word **para** (to) or **menos** (minus), like this:

São quinze (minutos) **para** as três (horas).
São três (horas) **menos** quinze (minutos).
São três (horas) **menos** um quarto.
É um quarto **para** as três (horas).
or
São duas (horas) **e** quarenta e cinco (minutos). (Two forty-five.)

São doze (horas).
É meio-dia.
É meia-noite.

To say "AM" and "PM"

AM

São nove (horas) **da manhã.**

PM

São três (horas) **da tarde.**

São nove (horas) **da noite.**   PM

To ask what time something is going to happen, say . . .

A que horas . . .

   . . . parte

   . . . chega   o comboio?

at what time/when does . . .

   . . . the train   leave?

                            arrive?

   . . . abre

   . . . fecha   o museu?

. . . the museum   open?

                                   close?

From . . . to . . .

da . . . às . . .

das . . . às . . .   }   from . . . to . . .

das . . . ao . . .

A que horas abre o museu?

O museu abre **da** uma (hora) **às** quatro (horas).

O museu abre **das** dez (horas) **às** duas (horas).

O museu abre **das** dez (horas) **ao** meio dia.

When does the museum open?

The museum is open from one until four o'clock.

The museum is open from ten until two o'clock.

The museum is open from ten until noon.

Both the 12- and the 24-hour clocks are used to tell time. The 12-hour clock is more commonly used in casual conversation. Take some time to learn the numbers listed in the Vocabulary section at the back of the book, and you will find that telling and understanding the time in Portuguese will not be difficult. Official time in Portuguese (transportation, timetables, opening and closing times, etc.) is calculated using the 24-hour clock. Here are some examples of the 24-hour clock.

13:50	São treze (horas) e cinqüenta minutos.
14:00	O museu abre às catorze horas.
20:00	São vinte horas.
15:00	O banco fecha às quinze horas.

things to do

2.3   Can you tell the time? Write down the questions and the answers in Portuguese.

    Ex.:   What time is it?   (9:15 AM)

           Que horas são?   São nove e quinze da manhã.

   1   What time is breakfast served?   (from 8 to 10 AM)

   2   When does your friend arrive?   (7:15 AM)

   3   What time does the train leave?   (15:30)

   4   When does the museum open?   (9:45 AM)

de manhã/in the morning

PUBLIC TRANSPORTATION

Transportation   Portuguese trains provide an excellent network of services. Senior citizens pay 50% of the fare, providing that proof of age is submitted. Children under 4 travel free, and those from 4 to 12 pay half fare. Comfortable bus service also covers the country, and schedules are available from local Tourism Offices and travel agencies in Portuguese. The towns are all served by buses.

Bus services from Lisbon   The Portuguese Transportation Company—a **Rodoviária Nacional (RN)**—serves most cities. Information about schedules **(o horário)** and terminals **(estações),** is obtainable from Tourism Offices. The Green Line **(a Linha Verde)** from Santa Apolônia train station to Lisbon Airport operates daily, with buses every 15 minutes. There are also buses to Faro, Oporto, Coimbra, etc.

Transportation within Lisbon   Apart from the buses and taxis, Lisbon is served by trolley cars **(o elétrico),** a popular form of transportation, especially within the old part of the city **(o Bairro Alto).**

Tickets   Very cheap, and even more so if bought in advance in blocks of 10 (each ticket worth two **módulos**) or of 20 (each worth one **módulo**) from any terminal station or ticket booth.

26

uma viagem de comboio/a train journey

Cristina is at the ticket office (**a bilheteria**) at Beja railway station. She is buying a ticket to Lisbon, and the ticket agent gives her the various possibilities.

Cristina:	Boa tarde. **Queria um bilhete** para Lisboa, por favor. Para hoje.
Funcionário:	**De ida** ou **de ida e volta?**
Cristina:	**Só de ida.**
Funcionário:	Está bem. A senhora **quer viajar no expresso** ou **no direto?**
Cristina:	**Quanto custa** o bilhete para o expresso?
Funcionário:	**Primeira classe** são mil e novecentos escudos, e de **segunda classe** são mil, cento e cinqüenta escudos.
Cristina:	**Fico com** o de segunda classe. Ah! . . . **não fumadores,** se faz favor.
Funcionário:	Sim senhora. Aqui está. **O comboio** parte **do cais número três, dentro de quinze minutos.**
Cristina:	Obrigada.

At the train station

Queria um bilhete.	I would like a ticket.
só de ida	one-way only
de ida e volta	round-trip
o comboio (*Braz.*: o trem)	the train
Quer viajar . . .?	Do you want to travel . . .?
no expresso	by express train
o direto	a through train
o rápido	a train which stops only at main stations
Quanto custa?	How much does it cost?
Quanto é?	How much is it?
primeira classe	first class
segunda classe	second class
fumadores/não fumadores	smokers/nonsmokers
um horário	a schedule
o cais número três	platform number three
dentro de quinze minutos	within fifteen minutes

Camionetas e comboios (Coaches and trains)

Onde é . . .?	Where is . . .?
o terminal das camionetas	the bus terminal
a estação dos comboios	the train station
Qual é . . .?	Which is . . .?
o cais do comboio para . . .	the platform for the train to . . .

Autocarros e elétricos (Buses and trolleys)

These are your choices if you intend to go anywhere beyond easy walking distance within Lisbon. The fares are low, and there is usually service until midnight.

a paragem de autocarros (*Braz.*: parada de ônibus)	bus stop
Onde posso apanhar . . .?	Where can I catch . . .?
um autocarro para . . .	a bus to . . .
Qual é o elétrico que vai para . . .?	Which trolley car goes to . . .?
Que autocarro devo apanhar para . . .?	Which bus should I take to . . .?
Qual é o preço do bilhete?	What is the price of the ticket?
Quanto custa o bilhete?/ Quanto é o bilhete?	How much is the ticket?

Campo Grande · Telheiras · Pontinha · Carnide · Colégio Militar/Luz · Cidade Universitária · Alto dos Moinhos · Entre Campos · Laranjeiras · Jardim Zoológico · Campo Pequeno · Praça de Espanha · Saldanha · S. Sebastião · Alameda · Picoas · Parque · Marquês de Pombal · Rato · Avenida · Restauradores · Cais do Sodré

Oriente · Alvalade · Cabo Ruivo · Roma · Olivais · Chelas · Areeiro · Bela Vista · Olaias · Arroios · Anjos · Intendente · Martim Moniz · Rossio · Baixa-Chiado

Legend
- Railway interface
- Suburban buses interface
- Ferryboats interface
- Lift

Lines
- Blue line
- Yellow line
- Green line
- Red line

Many of the **Metro** stations in Lisbon proudly display artwork including ceramic tiles, paintings, and sculptures created by some of Portugal's most famous artists.

O Metrô (The subway)

Onde é/onde fica a estação do metrô?	Where is the subway station?
Que linha devo tomar para . . .?	Which line should I take to . . .?
É este o metrô para . . .?	Is this the train to . . .?
Onde é a máquina de venda de bilhetes?	Where is the ticket machine?

Taxis (táxis) are cheap and plentiful. Easily identified, Portuguese taxis are black with green roofs. They use meters and the basic fare includes the first 363 meters. After this you pay per kilometer.

You can say: **Leve-me para. . . .**   Take me to. . .
or:
Para o museu Gulbenkian, por favor.
Para os Jerônimos, se faz favor.
And to ask how much, say: **Quanto é?**

AT THE BANK

The unit of currency in Portugal is the escudo, which is made up of 100 centavos. One escudo is written 1$00. For example, 30$50 means thirty escudos and fifty cents. In Brazil, the currency is the Real, plural Reais.

Banking hours in Portugal are 8:30 a.m.–11:45 a.m. and 1:00 p.m.–2:45 p.m., Monday through Friday. You will need your passport for any transaction. You will be given a tag **(uma chapa)** with a number on it and asked to go to the cashier **(a caixa)** to collect your money. ATMs are a convenient way to withdraw money while traveling in Brazil, but unless you have a European banking card, you will not be able to use an ATM in Portugal.

câmbio de dinheiro/money exchange

While Frank takes the children to the **Jardim Zoológico,** Maria makes her way to the bank to change some money.

Maria:	Queria **trocar libras esterlinas.** A quanto está o câmbio hoje?
Funcionário:	A duzentos e quarenta escudos (240$00). **Quantas libras** deseja trocar?
Maria:	Cem libras.
Funcionário:	O seu passaporte, por favor . . . **Quer assinar aqui?** Agora, **passe à caixa. Esta é a sua chapa.**

Bank vocabulary

dinheiro trocado	small change
notas/moedas	bills/coins
trocar	to change
libra esterlina	pound sterling
dólares	dollars
cheques de viagem	travelers' checks
levantar um cheque	to cash a check
A como/A quanto está o câmbio?	What is the exchange rate?
Quanto?/Quantos?/Quantas?	How much?/How many?
Quer assinar aqui?	Would you sign here, please?
Passe à caixa.	Go to the cashier.
Esta é a sua chapa.	This is your tag.
Posso levantar dinheiro com este cartão de crédito?	Can I withdraw money with this credit card?

the way it works

I would like

Queria is the imperfect form of the verb **querer** (to want), and it means "would like:"

(I)	queria	(we)	queríamos
(you)	queria	(they)	queriam
(he/she)	queria		

Queria um bilhete para hoje.	I would like a ticket for today.
Queríamos comprar um horário.	We would like to buy a schedule.

Fico com

Fico com is a useful Portuguese expression meaning "I will take" when you have to choose between two or more options:

Fico com este.	I will take this one.
Fico com o azul.	I will take the blue one.
Fico com o bilhete de segunda classe.	I will take the second-class ticket.

things to do

3.1 You are with a friend at the Santa Apolônia station buying tickets to go to Coimbra for the day. How do you answer the ticket agent's questions?

Agent: Para onde, se faz favor?
You: (You'd like 2 tickets to Coimbra, second class.)
Agent: Quando quer viajar?
You: (Say today, and that you want 2 round-trip tickets.)
Agent: A senhora quer viajar no expresso ou no direto?
You: (Ask how much it is for 2nd class on the express.)
Agent: Só mil e quatrocentos escudos.
You: (Ask for nonsmoking seats; when does the train leave?)
Agent: O comboio parte do cais número dois dentro de vinte minutos.
You: (Repeat what he said, but in the form of a question.)

3.2 Maria is at the bank. Put the sentences below in the right order to make a dialogue:

1 O seu passaporte, por favor. Quanto quer trocar?
2 A quanto está o câmbio?
3 Aqui está a sua chapa. Quer passar à caixa?
4 Queria trocar uns dólares.
5 Vou trocar cem dólares.
6 A cento e quarenta escudos.
7 Sou eu. Aqui está.
8 Chapa número 34!

3.3 Write out the prices of these items in full:

BUYING POSTCARDS

vende postais?/do you sell postcards?

Célia and José want some postcards, so they stop at a newsstand where they see some attractive ones.

Vendedor (to Célia):	**A menina** quer?
Célia:	Queria dois **postais,** faz favor.
Vendedor:	Pode escolher!
Célia:	**Estes** dois.
José:	Eu quero cinco, se faz favor. Dois **destes** e três **daqueles.**
Célia:	Quanto custam os postais?
Vendedor:	São dez escudos **cada um.**
José:	O senhor **tem selos?**
Vendedor:	Lamento, mas não tenho. **O menino** tem que **ir** ao correio.

The colorful **quiosques** (newsstands) on the sidewalks are part of the Portuguese street scene, selling anything from postcards to a variety of magazines and newspapers in many languages.

Queria estes postais.	I would like these postcards.
Posso escolher?	Can I choose (them)?
um postal de Lisboa	a postcard of Lisbon
Vende . . .?	Do you sell . . .?
Há . . .?/Tem . . .?	Is/are there . . .?
um jornal inglês/americano	an English/American newspaper
uma revista portuguesa	a Portuguese magazine
revistas em inglês	magazines in English
Lamento, mas não vendemos/temos . . .	I'm sorry but we don't sell/have . . .
Pode escolher.	You can choose/please choose.

no correio/at the post office

They go to the post office and Célia insists on buying the stamps for both of them. José is sending a postcard to his American friend, and Célia to friends in Spain and England.

Célia:	Boa tarde.
Funcionário:	Boa tarde. **A menina quer?**
Célia:	**Queria mandar** postais para a Inglaterra, Estados Unidos e a Espanha. **Qual é o preço de cada** selo?
Funcionário:	Para a Inglaterra e Espanha, custa vinte e cinco escudos. Para os Estados Unidos, trinta e cinco escudos.
Célia:	**Quero cinco selos** para Inglaterra, um para a Espanha e um para os Estados Unidos, por favor.
Funcionário:	**É tudo?**
Célia:	Sim, obrigada.

Post Office

um selo	a stamp
Queria mandar/enviar . . .	I would like to mail (to post) . . .
uma carta	a letter
um postal	a postcard
uma encomenda	a package
Quero cinco selos.	I want five stamps.
Quero mandar isto . . .	I want to send this . . .
registrado	by registered mail
por correio aéreo	by airmail
Dois selos para . . .	Two stamps to . . .
É tudo?	Will that be all?

the way it works

How to address someone else's child

Portuguese people use **o menino** (boy, young man) and **a menina** (girl, young woman). They take the 3rd person singular form, the same as is used with **ele/ela**.

Some irregular plurals

Note that, in the dialogue on page 31, the word **postal** (postcard), becomes **postais** in the plural. The plural of words ending in **-al, -el, -il,** and **-ol** is irregular. Look at how some of them change (there are exceptions):

singular		plural	
-al	o postal	-ais	os postais
-el	o papel	-eis	os papéis (the papers)
-il	o canil	-is	os canis (the kennels)
-ol	o caracol	-ois	os caracóis (the snails)

You will encounter more irregular plurals—learn them as you go along.

33

Can I choose, please?

Escolher is the verb "to choose":
Pode escolher os postais.   (You) can choose the postcards.
Escolha!   Please choose!

This and that

If the object in question is close to you, use **este,** but if it is distant from both you and the person with whom you are talking, use **aquele**:

Masculine object		*Feminine object*	
this (car)	**este** (carro)	this (street)	**esta** (rua)
that (car)	**aquele** (carro)	that (street)	**aquela** (rua)

Este and **aquele** both have regular plurals.

Of these, of those

In the previous chapter, you learned that **de** is one of the words for "of." When **de** combines with certain words, a new word is formed—a contraction.

before contraction	*becomes*	*plural*
de + este/esta	**deste/desta**	**destes/destas**
of + this	of this	of these
de + aquele/aquela	**daquele/daquela**	**daqueles/daquelas**
of + that	of that	of those

Ir (to go)

Tem que ir ao correio.   You have to go to the post office.
The verb **ir** is irregular. Here is its present tense:

singular			*plural*		
eu	**vou**	(I go)	nós	**vamos**	(we go)
tu	**vais**	(you go)	vocês	**vão**	(you go)
você	**vai**	(you go)	eles/elas	**vão**	(they go)
ele/ela	**vai**	(he/she goes)			

The imperative (or command form) of **ir** is **vá!**:
Vá imediatamente!   Go immediately!

things to do

1   2   3   4

3.4   Look at these pictures and, using the verb **ir** (to go), write down where people are going:

1   Maria . . . para . . .   3   Nós . . . ao . . .
2   Célia e José . . . ao . . .   4   Eu . . . para o . . .

GOING SHOPPING

Shopping and business hours   Shops are usually open from 9:00 AM to 1:00 PM and 3:00 PM to 7:00 PM, Monday–Friday. On Saturdays, they are open from 9:00 AM to 7.00 PM. Credit cards are accepted nearly everywhere.

a sapataria/the shoe shop

Maria wants to buy herself some sandals at an elegant shop in the fashionable Chiado shopping area. She looks around the shelves in the shop and the saleswoman comes up.

Woman:	**Em que posso servi-la?**
Maria:	**Posso ver** as sandálias de verão, por favor?
Woman:	**Que número calça** a senhora?
Maria:	Trinta e oito.
Woman:	Em que cor quer as sandálias?
Maria:	Queria brancas de salto raso. **Posso provar várias?**
Woman:	**Com certeza. Vou trazer-lhe** dois ou três pares.
Maria:	(after trying them on) **Aquelas** sandálias **não ficam bem. Apertam-me os pés. Estas ficam melhor** e são elegantes. **Gosto muito.** Qual é o preço?
Woman:	Três mil escudos.
Maria:	**Fico com elas. Posso pagar** com cartão de crédito?
Woman:	**Não há problema. Quer passar à caixa,** se faz favor?

At the shoe shop

Posso ver . . .?	Can I see . . .?
sandálias de verão	(summer) sandals
número trinta e oito	size 38
brancas de salto raso	white with flat heels
Posso provar várias?	May I try several (pairs) on?
com certeza	certainly
Vou trazer-lhe . . .	I'm going to bring you . . .
um par/dois pares	one pair/two pairs
não ficam bem	(they) don't fit well
apertam-me os pés	(they) pinch my feet
ficam melhor	(these) fit better
Gosto muito.	I like (it/them) very much.
Fico com elas.	I'll take them.
Posso pagar . . .?	Can I pay . . .?
Não há problema.	There is no problem/certainly.
Quer passar à caixa?	Would you like to step up to the cash register?

Vestuário e calçados (Clothing and footwear)

The questions you are asked:

Em que posso servi-la (-lo)?	How can I help you?
Quer ajuda?	Do you want some help?
Que número calça?	What size (shoe) do you wear?
Que número veste?	What size (of clothes) are you?
Que tamanho?	What size?
Em que cor?/Qual é a cor?	What color?/What is the color?
Salto alto?/Salto raso?	High heels?/Flat heels?
Gosta deste/desta?	Do you like this one?
Mais alguma coisa?	Anything else?
Quer maior?/menor?	Do you want a larger size?/a smaller size?
É tudo?/É só?	Is that all?

The questions you ask:

Posso ver aquela?	Can I see that one?
Posso experimentá-la (-lo)?	May I try it on?
Tem noutra cor?	Do you have it in another color?
Tem noutro tecido?	Do you have it in another fabric?
Tem noutro modelo?	Do you have it in another style?
Tem mais barato?	Do you have a cheaper one?
Tem maior?	Do you have it in a larger size?
Tem menor?	Do you have it in a smaller size?
Tem mais curto/mais comprido?	Do you have a shorter/longer one?
Tem mais grosso/mais fino?	Do you have a thicker/thinner one?
É cabedal (*or* couro) genuíno?	Is it real leather?

Useful phrases

Não gosto.	I don't like (it/them).
Faz favor . . .	Excuse me . . .
Não me serve.	It doesn't fit me.
É caro demais.	It's too expensive.
Não é bem o que quero.	It's not quite what I want.
Prefiro este/aquele.	I prefer this/that one.
o da vitrine	the one in the display window
Só estou olhando.	I am just looking.
o vestido/a saia	the dress/skirt
LIQUIDAÇÕES/SALDOS	SALE/BARGAINS

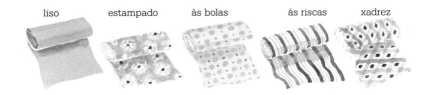

liso   estampado   às bolas   às riscas   xadrez

Tipos de tecido (Types of fabric)

linho	linen	lã	wool
poliéster	polyester	brim	denim
veludo	velvet	seda	silk
algodão	cotton	cetim	satin

Look out for these signs:

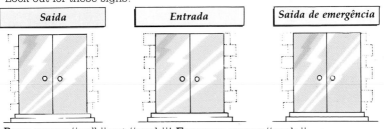

| Saida | Entrada | Saida de emergência |

Puxe means "pull," not "push"! **Empurre** means "push."

Sizes

Medidas de senhora (Women's sizes)

	Clothes						Shoes			
British	10	12	14	16	18	20	3	4	6	7
Portuguese	38	40	42	44	46	48	36	37	38	39
American	8	10	12	14	16	18	4½	5½	6½	7½

Medidas de homem (Men's sizes)

	Shirts						
British	14	14½	15	15½	16	16½	17
Portuguese	36	37	38	39	41	42	43
American	14	14½	15	15½	16	16½	17

	Shoes					
British	5	6	7	8	9	10
Portuguese	37½	39	40½	41½	42½	44
American	5	6	7	8	8½	9

SHOPPING FOR FOOD

Food is sold by **quilos** (kilos), **gramas** (grams), **pacotes** (packages), **latas** (cans), and **litros** (liters).

Remember that it is: **um** grama; **um** quilo; **uma** dúzia; **um** litro; **um** pacote; **uma** lata.

100 g = 3.5 oz.	1 oz. = 28.35 g.
250 g = 8.75 oz.	1 lb. = 453.60 g.
½ kg = 1.1 lb.	1 kg. = 2.2 lb.

Food stores

o talho (*Braz.*: o açougue)	the butcher shop
a peixaria	the fish market
a loja de verduras	the produce market
a mercearia	the grocery store
o mercado	the market
o supermercado	the supermarket

To ask for what you want, say: **Me dê . . ./Queria . . ./Tem . . .?**

Me dê duzentos gramas daquele presunto. (Please) give me 200 grams of that ham.
Queria um pacote de biscoitos. I'd like a package of crackers/cookies
Tem vinho branco? Do you have white wine?

Uma lista de compras (A shopping list)

meia dúzia de ovos	half a dozen eggs
um litro de leite	a liter of milk
cem gramas de presunto	100 grams of ham
cem gramas de queijo	100 grams of cheese
duzentos gramas de toucinho	200 grams of bacon
meio quilo de batatas	½ kilo of potatoes
um quilo e meio de peixe	1½ kilos of fish
um quilo de carne	1 kilo of meat
dois quilos de tomates	2 kilos of tomatoes
um pacote de biscoitos	a package of crackers
uma lata de azeite	a can of oil
um pão	a (loaf of) bread

the way it works

May I?/Can I?

Look at the word **posso** in the last dialogue: **Posso ver? Posso provar? Posso pagar? Posso?** means "Can I?" It comes from the verb **poder** (to be able to, can). This is its present tense:

singular		*plural*	
posso	I can	**podemos**	we can
podes	you can	**podem**	you can
pode	you can	**podem**	they can
pode	he/she/it can		

You will often see this verb used with the impersonal pronoun **se** (one/you) on public signs like:

Não se pode estacionar.	Parking not allowed.
Não se pode fumar.	No smoking.
Não se pode tocar.	Don't touch.

Object pronouns (me, her, etc.)

This is a complex aspect of Portuguese grammar, and cannot be covered fully in this book. Here, however, is a brief guide:

Pronouns	I, you, she . . .	eu	tu	ele/ela	nós	vocês	eles/elas
Reflexive pronouns	myself yourself . . .	me	te	se	nos	se	se
Indirect object	me, you, him, her, us, you, them	me	te	lhe	nos	lhes	lhes
Direct object		me	te	o/a	nos	os/as	os/as

Reflexive

Lavo-me diariamente.
Ela **chama-se** Maria.

I wash *myself* every day.
She is called (calls *herself*) Maria.

Indirect

Estas sandálias **apertam-me** os pés.
Comprei-lhe um presente.

These sandals pinch *my* feet.
I bought *him/her* a present.

Direct

Ele **levou-a** à sapataria.
Onde estão as crianças? Não **as vejo.**

He took *her* to the shoe shop.
Where are the children? I don't see *them*.

I like it, I don't like it

Here is the verb **gostar** (to like), in the present tense.

gosto	I like	gostamos	we like
gostas	you like	gostam	you like
gosta	you like	gostam	they like
gosta	he/she/it likes		

Remember that to make a negative statement you just need to put **não** before the verb: **Não gosto.**

A question mark is all you need to transform a statement into a question:
Gostas?　　　Do you like?

Cheap, cheaper

Mais means "more," so **mais barato** literally means "more cheap" = "cheaper," and **mais caro** = "more expensive." You can apply this to other adjectives:

mais lindo	lovelier	**mais curto**	shorter
mais largo	wider	**mais apertado**	tighter

But you will come across exceptions like:

menor	smaller	**melhor**	better
maior	bigger	**pior**	worse

To *compare* two things, say **mais . . . que; menor . . . que** etc. To say "it is *the* best," etc., just put **o/a** before the adjective: este hotel é **o melhor/o mais caro.**

Saying what you are going to do in the future

The immediate future tense is formed by the present tense of **ir** (to go), followed by an infinitive.

Vou	**trazer**	dois ou três pares.
present of ir	+ *to bring*	
I am going	to bring	two or three pairs.

Eu vou levar . . .	I am going to take . . .
Tu vais ver . . .	You are going to see . . .
Ele vai partir.	He is going to leave.

things to do

1.1 Write down what each person below wants to buy:

1 Cristina quer . . .
2 Célia quer comprar . . .
3 Frank queria . . .

4 Maria . . .
4 Sra. Gomes . . .

1.2 Where will each of these people have to go to buy what they want? Use **à, ao, no, na**. (See list of shops on pages 38 and 39.)
1 Cristina vai
2 Célia vai comprar . . . no . . .
3 Frank vai . . .
4 Maria vai comprar . . .
5 Sra. Gomes vai . . . e . . .

1.3 You are doing your own cooking, and you need these items. There is no supermarket, so you have to ask for them in the **mercearia**:

1.4 Using the verb **gostar**, answer these questions according to the clue given.
Clues: As senhoras gostam do vinho?   (*)   Sim, gostamos
        Eles gostam da música?   (**)   Sim, gostam muito.
        Você gosta da casa?   (***) Não, não gosto.
1 Eles gostam de frutos do mar?   (*)
2 Gosta deste tecido?   (***)
3 Sua mulher gosta de seda?   (**)
4 Os senhores gostam do hotel?   (*)

A PHONE CALL

quem fala?/who's speaking?

Back at her hotel room, Maria answers the phone.

Maria:	**Está? Quem fala?**
Sra. Gomes:	**Aqui fala** tua mãe, Maria. Como estão todos?
Maria:	Muito bem, mãe. Vamos à Sintra amanhã de manhã. Está bem?
Sra. Gomes:	**Pois!** Gostaria muito de vê-los.
Maria:	**Vamos chegar aí** às dez horas, **mais ou menos.**
Sra. Gomes:	Até amanhã, **então.**
Maria:	Adeus, mãe e até amanhã.

Speaking on the phone

Está?/Estou?	Hello.
Quem fala?	Who is speaking?
Aqui fala (tua mãe).	This is (your mother) speaking.
Queria falar com . . .	I'd like to speak to . . .
Fale devagar, por favor.	Speak slowly, please.
Pode repetir, por favor?	Can you repeat that, please?
Um momento, não desligue!	Just a moment, don't hang up!
Volto a chamar mais tarde.	I'll call again later.

Understanding the replies

(O senhor/a senhora) ligou o número errado.	You have dialed the wrong number.
(Ele/ela) saiu/não está.	(He/she) is out/isn't here.
está de férias	is on vacation
está numa reunião	is at a meeting
não vem hoje	is not coming in today
Quer deixar um recado?	Do you want to leave a message?
Um momento, por favor.	Hold on, please.

Telephone words

o telefone	telephone
ligar	to call
discar	to dial
a chamada/ a ligação	the call
a telefonista	operator
a lista telefônica	telephone directory
a cabine telefônica	telephone booth

Asking for help

Telefonista, pode ajudar-me a ligar para este número?	Operator, could you help me to get this number?
Quero ligar para os Estados Unidos, número . . ./	I want to make a call to the United States, (the telephone) number (is)
Quero fazer uma chamada para . . .	I want to make a call to . . .
Quero fazer uma chamada a cobrar no destino.	I want to make a collect call.
Cortaram-me a ligação!	I have been cut off!

SIGHTSEEING

vamos visitar o castelo/let's visit the castle

Frank is taking the children to see the landmarks and historical attractions of Lisbon, so he asks for some brochures at the hotel reception desk.

Frank:	Tem **algum folheto** com os pontos turísticos de Lisboa?
Recepcionista:	Sim, tenho **alguns**. Aqui estão.
Frank:	(to the children) Bem, **já conhecemos** o Jardim Zoológico. **Vamos visitar** o Mosteiro dos Jerônimos e a Torre de Belém. **Que acham?**
José e Célia:	Está bem.

Tem *algum* folheto?	Do you have *any/some* brochures?
Sim, tenho alguns.	Yes, I have some.
os pontos turísticos	the tourist attractions
Já conhecemos . . .	We've already seen . . .
Que acha/acham?	What do you think?
Está bem.	It's all right.

Vamos visitar (Let's visit . . .)

a catedral/a igreja/o castelo	the cathedral/the church/the castle
o Mosteiro dos Jerônimos	the Jeronimos Monastery
os jardins/os parques/o museu	the gardens/the parks/the museum
o centro/a parte velha (antiga) da cidade	downtown/the old part of the city

Admission

A que horas abre/fecha . . .?	When does . . . open/close?
Quanto custa a entrada?	How much is the admission price?
Há desconto para crianças/estudantes/aposentados?	Is there a discount for children/students/retired people?

the way it works

Pois

Although **pois** means "because," "well," "so," or "since," it is also used often in Portuguese to show agreement, in place of "yes, of course," etc. . . .

Vou visitá-la amanhã	I will visit you tomorrow.
Pois. Vou esperá-la.	Yes/OK, I'll wait for you.
Posso vê-la amanhã?	Can I see you tomorrow?
Pois claro (que não)!	Certainly (not)!

Here and there

here:	aqui	*there*:	lá
	cá		ali (nearer than **lá**)
			aí (near the person you are talking to)

Some, any

In the dialogue on page 43, Frank asks for **algum folheto** (any brochure). **Algum** means either "any" or "some." It agrees in both number and gender with the word it accompanies, as in the following examples:

o folheto	**algum** folheto	**a** lista telefônica	alg**uma** lista telefônica
os folheto**s**	alg**uns** folheto**s**	**as** listas telefônicas	alg**umas** listas telefônicas

Already, not yet

já	already	**já não**	no longer	**ainda**	still	**ainda não** not yet

Já vou.   I am going *now*.
Já conhecemos este museu.   We *already have seen* this museum.

Q: **Já** conhecem a catedral?   *Have you been to* the cathedral yet?
A: Sim, **já.**   Yes, we've *already* been to the cathedral.
     Não, **ainda não.**   No, *not yet./*No, we *still* haven't.

Q: **Ainda** estão em Lisboa?   Are you *still* in Lisbon?
A: Sim, **ainda** estamos.   Yes, we *still* are.
     Não, **já não** estamos.   No, we are *no longer* in Lisbon.

things to do

4.5   How do you say . . .?
     1   Operator, I want to call San Francisco,
     2   telephone number 555-8017.
     3   I would like to make a collect call, please.

4.6   Choose the Portuguese corresponding to "already," "not yet," "still" from
     the list below, and complete the phrases:
     ainda   **ainda não**   **já**
     1   Have you ever been to Portugal?
        (Sim, .../Não, ...
     2   Are they still here?
        (Sim, ...)
     3   Have they already packed?
        (Sim, ...)
     4   (Have you (*pl.*) packed yet?
        (Não, ...)

A VISIT TO THE DOCTOR

Illness   You might wish to purchase traveler's insurance before leaving for Brazil or Portugal. Check with your insurance agent. In case of minor injuries and illnesses, you will usually find the pharmacist is very helpful. Pharmacists may sell and recommend medicine that is often only available in the U.S. by prescription. If you take prescription medicine, always carry your prescription with you.

não me sinto bem/I don't feel well

The Evans are visiting Maria's mother and sister Isabel in Sintra. Célia is not feeling well and Maria takes her to see a doctor.

Médico:	(to Maria) Qual é o problema, minha senhora?
Maria:	Eu estou bem, **doutor.** É a minha filha que **se sente mal.**
Médico:	(to Célia) **O que sente** a menina?
Célia:	**Dói-me** aqui (pointing to her stomach)
Maria:	Ela **vomitou** esta manhã e **tem diarréia.**
Médico:	Uhm . . . Quando começou a **sentir-se mal?**
Maria:	Hoje cedo.
Médico:	(to Célia) **Vou examiná-la. Deite-se aqui,** se faz favor. **Dói-lhe a cabeça?**
Célia:	Um pouco.
Maria:	**Acho que** ela comeu alguma coisa que lhe fez mal.
Médico:	A senhora está certa. Ela tem **uma leve intoxicação alimentar. Aconselho uma dieta leve** e **vou receitar-lhe um medicamento. Dê-lhe um comprimido duas vezes por dia. Ela vai melhorar logo.**
Maria:	Muito obrigada, doutor.
Médico:	De nada. Adeus.

47

No consultório médico (In the doctor's office)

Qual é o problema?	What's the matter?
Não me sinto bem.	I don't feel well.
Ela se sente mal.	She feels ill.
O que sente?	What do you feel?
Dói-me o estômago.	My stomach hurts.
Dói-lhe a cabeça?/Tem dor de cabeça?	Do you have a headache?
Eu vomitei./Ela vomitou.	I/she vomited.
Ela tem dirréia.	She has diarrhea.
Quando começou a sentir-se mal?	When did you begin to feel unwell?
Vou examiná-la(-lo).	I am going to examine you.
Deite-se aqui, por favor.	Lie down over here, please.
Acho que . . .	I think that . . .
Ela comeu alguma coisa que lhe fez mal.	She ate something that made her ill.

A senhora está certa.	You are right.
Ela tem uma leve intoxicação alimentar.	She has a mild case of food poisoning.
Aconselho . . .	I advise . . .
um dieta leve.	a light diet.
repouso	rest
Vou receitar-lhe . . .	I'm going to prescribe . . .
Recomendo . . .	I recommend . . .
este medicamento	this medicine
Tome/dê-lhe um comprimido.	Take/give her/him one tablet.
duas vezes por dia	twice a day
Ela vai melhorar.	She will get better.

Seeking medical help

Estou doente.	I am sick.
Preciso de um médico, depressa.	I need a doctor, quickly.
Tenho uma dor no/na . . .	I have a pain in my . . .
Onde é o hospital mais próximo?	Where is the nearest hospital?
Há um consultório médico perto daqui?	Is there a doctor's office nearby?
Queria marcar uma consulta.	I'd like to make an appointment.
Obrigado, doutor.	Thank you, doctor.

A farmácia (The pharmacy)

drogaria	drugstore
farmácia de plantão	24-hour pharmacy
Tem este medicamento?	Do you have this medicine?
soro fisiológico para lentes de contacto?	cleaning solution for contact lenses
Pode me dar qualquer coisa para dor de cabeça?	Can you give me something for a headache?

O dentista (The dentist)

Pode recomendar-me um bom dentista?	Can you recommend a good dentist to me?
Tenho uma dor de dentes.	I have a toothache.
Dói-me este dente.	This tooth hurts me.
A gengiva sangra/dói.	The gum is bleeding/sore.
Este dente/a minha dentadura partiu-se.	This tooth/my denture is broken.

Useful phrases and expressions

queimadura de sol	sunburn
insolação	sunstroke
uma constipação	a cold/stuffy nose
a gripe	the flu
Tenho febre.	I have a fever.
uma indigestão	indigestion
Sou alérgico(-a) a . . .	I am allergic to . . .
Sou diabético(-a).	I am diabetic.
Pode dar-me um recibo para o meu seguro de saúde?	Can you give me a receipt for my health insurance?

CAMPING PLANS

Portuguese campgrounds range from the basic to the most complete and well-equipped grounds. You will need your passport, and some campgrounds will require the membership card of a camping association.

pode-se acampar aqui?/can we camp here?

Cristina and Isabel are going camping in the Algarve. They discuss their plans.

Isabel: **Está tudo arranjado,** Cristina. **Temos um lugar reservado** no **parque de campismo** "Campos Verdes". É um parque moderno e bem equipado. **Há** um restaurante, lojas, lavandaria, água quente e eletricidade.

Cristina: Que bom! Vamos levar a minha tenda ou a tua?

Isabel: A minha, pois é maior, não acha?

Cristina: Sim. Partimos hoje à tarde, então?

Isabel: Sim. Algarve, aqui vamos nós!

Está tudo arranjado.	It's all set.
Temos um lugar reservado.	We have a campsite reserved.
o parque de campismo	the campground
moderno e bem equipado	modern and well equipped
Há um restaurante/lojas/lavandaria/ água quente/eletricidade.	There is a restaurant/shops/a laundry/ hot water/electricity.
Vamos levar a tenda maior.	Let's take the biggest tent.
Algarve, aqui vamos nós!	Algarve, here we come!

Reserving a campsite

Há aqui um parque de campismo?	Is there a campground here?
Há lugares para acampar?	Are there campsites?
Pode-se acampar aqui?	Can we camp here?
com tenda/caravana	with tent/van
Há chuveiro/ducha?	Is there a shower?
água potável?	drinking water?
água quente?	hot water?
um armazém?	a grocery store?
Onde é/fica a gerência?	Where is the management office?
o restaurante/a cafeteria	the restaurant/snack-bar
Onde ficam os chuveiros?	Where are the showers?
Há aqui um campo de ténis/ uma piscina?	Is there a tennis court/a swimming pool here?
Pode-se alugar raquetes?	Can you rent tennis rackets?
Pode-se estacionar aqui?	Can you park here?

the way it works

Reflexive verbs

A verb in the reflexive form takes a **-se**, like **chamar-se** (to be called) or **vestir-se** (to dress oneself). It refers to actions done by oneself to oneself. The reflexive verbs are used with the reflexive pronouns given on page 39.

sentir-**se** mal	to feel unwell (ill)
A minha filha sente-**se** mal.	My daughter is feeling ill.

deitar-**se**	to lie down
Vou deitar-**me** cedo hoje.	I'm going to bed early today.

chamar-**me**	to be called
Ela chama-**se** Célia.	Her name is (she is called) Célia.

Fala-**se** inglês.	English is spoken here.
Vende-**se** esta casa.	This house is for sale.
Pode-**se** estacionar aqui?	Can you (one) park here?

Espressing your opinion (I think that . . .)

To express your opinion, use the verbs **achar** (to find) or **pensar** (to think), followed by **que**:

Acho que ela está doente.	I think that she is ill.
Penso que ele está doente.	I think that he is ill.
Acho que sim.	I think so.
Acho que não.	I don't think so.

How to say what happened in the past

Here is the preterite (past tense) of each of the three kinds of regular verbs (**-ar, -er,** and **-ir**). These endings are the same for all regular verbs.

	gostar (to like)	correr (to run)	sair (to go out)
eu	gost**ei**	corr**i**	sa**í**
tu	gost**aste**	corr**este**	sa**iste**
você, etc.	gost**ou**	corr**eu**	sa**iu**
ele/ela	gost**ou**	corr**eu**	sa**iu**
nós	gost**amos**	corr**emos**	sa**imos**
vocês, etc.	gost**aram**	corr**eram**	sa**iram**
eles/elas	gost**aram**	corr**eram**	sa**iram**

things to do

5.1 You wake up with a stomachache. You go to the druggist for advice.

You:	(Greet him, say you have a pain in your stomach, and ask if he can recommend something.)
Druggist:	Quando começou a sentir-se mal?
You:	(Say "this morning." Perhaps you ate something that disagreed with you.)
Druggist.	Acho que tem uma indigestão.
You:	(Ask him what his advice is.)
Druggist:	Vou dar-lhe uns comprimidos.
You:	(Ask him how many you should take and how many times a day.)
Druggist:	Tome um comprimido três vezes por dia.

5.2 In the dialogue above, what was:
1 The question the druggist asked you?
2 His opinion about the nature of your complaint?
3 The medicine he prescribed and his instructions about how to take it?

5.3 How do you say the following?

1 My head aches.
2 This tooth hurts.
3 Can you recommend a doctor?
4 I vomited.

5 I don't feel well.
6 Where is there a drugstore?
7 I am ill/sick.

5.4 Each one of these people has some kind of ache or pain. Complete the phrases according to the pictures. (Use the Topic Vocabulary if necessary):

1   2   3   4

1 Maria tem uma dor . . .
2 José tem uma dor . . .

3 Frank tem uma dor . . .
4 Cristina tem uma dor . . .

5.5 In this picture, Melhoral, a popular nonprescription medicine, is advertised. Can you tell what it's for?

DRIVING AND BREAKDOWNS

Rules of the road Portugal uses the international road sign system. The rule of the road is to keep to the right and pass on the left. At traffic circles, crossroads, and junctions, traffic approaching from the right has right-of-way. The major roads have signs with the letter "N," followed by a number.

Speed limits for cars:	in residential areas:	60 kph (37 mph)
	outside towns:	90 kph (55 mph)
	on highways:	min. 40 kph (26 mph)
		max. 120 kph (75 mph)

A United States driver's license—**a carta de condução**—is valid. However, an international driver's license is highly recommended. Gasoline **(a gasolina)** is sold in liters (1 gallon = approx. 3.8 liters) and is available in two grades: **super** (super) and **normal** (regular). Gas stations **(as estações de serviço)** are usually open from 8:00 AM to noon and from 2:00 PM to 7:00 PM. They are very far apart away from the bigger towns, so make sure you have enough gas before leaving the main roads.

Na estação de serviço (At the gas station)

Meta dez litros de super, se faz favor.	Put in 10 liters of super, please.
Encha o depósito, por favor.	Fill it up, please.
Pode verificar . . .?	Could you check . . .?
o óleo/a água	the oil/the water
a pressão dos pneus	the tire pressure
a bateria	the battery
Há uma garagem perto daqui? (*Braz.*: Há uma oficina . . .?)	Is there a garage nearby?

uma avaria/a breakdown

Cristina and Isabel have problems with their car on the way to Algarve. They stop at a garage recommended by the gas station attendant.

Isabel:	Faz favor . . . (mechanic approaches) **meu carro está avariado.** Pode verificar?
Mecânico:	Qual é o problema?
Isabel:	Acho que há **um defeito no radiador. O motor aquece demais.**
Mecânico:	Vamos ver . . . a senhora está com sorte. O defeito não é no radiador, **é só uma fuga** na mangueira. Vou trocá-la.
Isabel:	**Vai demorar?**
Mecânico:	Não, é um serviço rápido.

Meu carro está avariado.	My car has broken down.
Pode verificar?	Can you take a look?
Acho que há um defeito . . .	I think there's something wrong . . .
no radiador	with the radiator
nos travões	with the brakes
na ignição	with the ignition
numa roda	with a wheel
O motor aquece demais.	The engine is overheating.
O motor não pega.	The engine won't start.
O pneu está furado.	The tire has a hole in it.
O pneu está vazio.	The tire is flat.
Vamos ver.	Let's see.
Está com sorte.	You are lucky.
É só uma fuga na mangueira.	It's only a leak in the hose.
Vou trocá-la.	I will change it.
Vai demorar?	Will it take long?
Não, é um serviço rápido.	No, it's a quick job.
Sim, é um serviço demorado.	Yes, it's a long job.
Quanto lhe devo?	How much do I owe you?

Sinais de trânsito (Road signs)

PARE	STOP!
CUIDADO!	CAUTION!
DEVAGAR!	SLOW!
ESTACIONAMENTO	PARKING
ESTACIONAMENTO PROIBIDO	NO PARKING
PEÕES	PEDESTRIANS
PASSAGEM DE PEÕES	PEDESTRIAN CROSSING
PERIGO	DANGER
PORTAGEM (*Braz.*: PEDÁGIO)	TOLL
SEM SAIDA	NO OUTLET
SEMÁFOROS	TRAFFIC LIGHTS
TRÂNSITO PROIBIDO	NO TRAFFIC
TROÇO	STRETCH (of road)
TROÇO EM OBRAS	ROAD WORK

things to do

.6 You need to stop at a garage. How do you say:
1. My car has broken down. Can you take a look at it?
2. I have a flat tire.
3. Could you check the oil and water, please?
4. The engine is overheating.

.7 You are driving along and you see these road signs. What do they mean?
1. PERIGO! PARE!
2. CUIDADO! PASSAGEM DE PEÕES!
3. PORTAGEM A 500 METROS
4. TRÂNSITO PROIBIDO

AT THE SEASIDE

na praia/on the beach

It's a sunny Saturday morning. Maria and Frank take the children to one of the beaches near Sintra.

Frank:	**Pode-se nadar** sem perigo nesta praia, Maria?
Maria:	**Pois!** O mar aqui é calmo.
Frank:	Não há correntes perigosas?
Maria:	Penso que não, mas gosto de ver as crianças banhar-se na beira da água.
Célia:	José, **onde estão** as pranchas?
José:	**Eu não sei.** Não estão no carro.
Célia:	Ah! José esqueceu as pranchas. Que cabeça de vento!

nesta praia	on/at this beach
Pode-se nadar sem perigo?	Can you (one) swim safely?
Pois! O mar aqui é calmo.	Of course! The sea is calm here.
correntes perigosas	dangerous currents
Gosto de ver as crianças banhar-se na beira da água.	I like to see the children bathe at the water's edge.
Onde estão as pranchas?	Where are the surfboards?
Eu não sei.	I don't know.
Não estão no carro.	They aren't in the car.
José esqueceu as pranchas.	José forgot the surfboards.
Que cabeça de vento!	What a scatterbrain!

o almoço/lunch

It's lunchtime and they have to go back home. Maria calls the children.

Maria: Célia, José! É a hora do almoço. Venham secar-se, vestir-se e pentear-se. **Temos que voltar para casa.**

José: Ah, mãe! . . . Vamos ficar **até mais tarde** . . . Não se quer bronzear um pouco mais?

Maria: És muito vivo, José . . . mas não quero bronzear-me mais. Por hoje, chega.

Célia: **Que pena!** Eu queria ficar um pouco mais!

Frank: Eu também. O sol está uma beleza, mas a vovó espera-nos para almoçar.

o almoço	lunch
almoçar	to have lunch
É a hora do almoço.	It's lunchtime.
secar-se/vestir-se	to dry oneself/to dress onself
pentear-se	to comb (one's hair)
bronzear-se	to sunbathe (to tan)
Temos que voltar para casa.	We have to go back home.
ficar até mais tarde	to stay until later
um pouco mais	a little longer/a little more
És muito vivo (viva)!	You are very tricky!
Por hoje chega!	That's enough for today!
eu também	me too
O sol/a praia está uma beleza.	The sun/the beach is lovely.
a vovó/o vovô	grandma/grandpa
espera-nos (-me, -o, -a, etc.)	is expecting/waiting for us (me, you, etc.)

Useful phrases and expressions

Acho que sim.	I think so.
Que pena!	What a shame!
Que beleza!	How beautiful!
uma beleza!	beautiful!/lovely!/great!
Que dia mais belo/lindo!	What a lovely day!

Na praia (On the beach)

Esta praia é linda.	This beach is lovely.
as ondas/a areia/a água	the waves/the sand/the water
o parasol/a bóia	the beach umbrella/the life buoy

o barco à vela	the sailboat
a prancha à vela	the sailboard
o banheiro (*Braz.*:	the lifeguard
o salva-vidas)	

DESCRIBING THE DAY

gostaram da praia?/did you like the beach?

Back in Sintra, Grandmother wants to know what the morning on the beach was like.

Sra. Gomes:	Gostaram da praia?
Célia:	Eu gostei muito. Eu e José encontramos muitas conchinhas.
José:	O sol estava forte e não havia vento nenhum.
Maria:	É verdade. **Estava** mesmo **quente demais.** Saimos da praia na hora certa!
Sra. Gomes:	Vejo que estão com uma cor saudável! O ar do mar sempre faz bem.

o tempo	the weather
Encontramos muitas conchinhas.	We found a lot of little shells.
O sol estava forte/quente.	The sun was intense/hot.
Não tinha vento.	There was no wind.
Estava quente demais.	It was hot.
Saimos na hora certa.	We left at the right time.
Vejo que estão com uma cor saudável.	I can see that you have a healthy (skin) color.
o ar do mar	the sea air
faz bem/faz mal (não faz bem)	does (you) good/doesn't do (you) good

the way it works

More reflexive verbs

banhar-se (-me, etc.)	to bathe/to take a bath
Vou banhar-**me** mais tarde.	I'll take a bath later.
bronzear-se	to tan/to sunbathe
Bronzcio **me** facilmente.	I tan easily.
pentear-se	to comb (one's hair)
Célia, vai pentear-**te**!	Célia, go comb your hair!
secar-se	to dry oneself
Crianças, venham secar-**se**!	Children, come and dry yourselves!
vestir-se	to get dressed
Ela veste-**se** bem.	She dresses (herself) well.

Describing places and things

To describe people and actions in the past, use the irregular verbs **ser** and **estar** (both meaning "to be") in the imperfect indicative. Use **ser** to describe permanent qualities such as what people or things looked like, and **estar** to describe temporary qualities, such as what people were doing or wearing, or how the weather was.

I was	you were	she/he/it was	we were	you were	they were
era estava	eras estavas	era estava	éramos estávamos	eram estavam	

A areia **era** branca.   The sand was white.
Ela **era** morena e alta.   She was dark and tall.
O tempo **estava** bom.   The weather was good.
Ela **estava** a bronzear-se.   She was sunbathing.

Talking about the weather

a previsão do tempo   the weather forecast
Que dia lindo!   What a lovely day!
Que tempo horrível!   What awful weather!
Faz calor/frio hoje!   It's hot/cold today!
o aguaceiro   (rain) shower

nouns		*adjectives*	
o sol	the sun	ensolarado	sunny
a chuva	the rain	chuvoso	rainy
o vento	the wind	ventoso	windy
a nuvem	the cloud	nublado	cloudy
o frio	the cold	quente/calor	hot
o calor	the heat	frio	cold

Note: **Frio** and **calor** can be used both as adjectives and nouns.

Ter or **estar com** are used to say whether people are hot or cold, hungry or thirsty.
Tenho/temos/tem frio/fome.   I am/we/they are cold/hungry.
Estou com calor/sede.   I am hot/thirsty.

Estar and fazer
Use **estar** with an *adjective*:
Está/estava quente/calor.   It is/was hot.

Use **fazer** with a *noun*. **Há** (there is/are) and **havia** (there was/were) are also used for weather, applied in the same way as **fazer**.
Faz/Há muito sol no Algarve. **Fazia/Havia** muita chuva em Lisboa.

The diminutive form

In Portuguese, the diminutive of a word can indicate smallness, or demonstrate affection. Adjectives like pretty—**bonito (-a)** and good—**bom/boa** are often used in the diminutive: bonit**inho (-a)**, bonz**inho**/boaz**inha**. The diminutive form is usually achieved by adding the suffix -inho/-inha, -zinho/-zinha to the word:

car	**carro**—carr**inho**	little car
house	**cas**a—cas**inha**	little house
brother	**irmão**—irmãoz**inho**	little brother
shell	**conch**a—conch**inha**	little shell

Exceptions:
c changes to **qu** as in **barco**—**barqu**inho (little boat)
g changes to **gu** as in **jogo**—**jogu**inho (small game)

things to do

6.1 You are being asked about your daily routine. You will need these verbs (in this order): **levantar-se, banhar-se, vestir-se, tomar, sair, ir**. Complete the phrases below, using the present tense.

1 . . . às . . . (7:30 AM) . . . e . . . .
2 . . . meu pequeno almoço às . . . (8:00)
3 . . . de casa às . . . (8:20 AM)
4 . . . ao trabalho . . . (by train)

6.2 Here is a map of Portugal. Can you tell what the weather is like . . .

1 em Lisboa
2 no Porto
3 no Algarve
4 em Coimbra
5 no Atlântico?

1 nublado com aguaceiro
2 ventoso e nublado
3 um dia lindo
4 chuvoso e frio
5 ensolarado e quente

ENTERTAINMENT

Portugal offers a variety of entertainment, from movies, theater, discos **(a discoteca)**, opera and musicals, to the traditional bullfight **(a tourada)**, folk dancing **(as danças folclóricas)** and the casinos. The elegant Cassino do Estoril is one of the most famous in the world. All casinos have a restaurant and a nightly show. Evening wear is required and foreigners must show their passports in gambling areas.

o cinema/the movies

Frank is taking the children to the movies in Lisbon that afternoon. They look in the newspaper to see what their choices are.

José:	Pai, **está a passar um filme** de Walt Disney no cinema da Praça dos Restauradores. É para todos.
Frank:	A escolha é tua. **Queres** assistir a este, Célia?
Célia:	Sim, papai, quero. Gosto dos filmes de Walt Disney.
José:	Eu também. **Vamos ver este**, então. Está decidido.
Frank:	A que horas começa?
José:	No jornal está marcado "matinê às quinze horas." Acaba às cinco.
Frank:	Ah! Este é um bom horário. Se se apressarem chegaremos a tempo.
Célia:	Já **estamos prontos**, pai!

Cinema e teatro (movies and theater)

o cinema/o filme	the movie theater/the film
Está a passar um filme.	A film is being shown.
para todos	for everyone
a escolha é tua/sua	the choice is yours
quer/queres/querem assistir . . .?	Do you want to watch . . .?
este filme	this film
Vamos ver este.	Let's see this one.
No jornal está marcado . . .	It says in the newspaper . . .
matinê às quinze horas	matinée at 3 PM
o horário	the time/the schedule
apressar-se	to hurry
Chegaremos a tempo.	We'll arrive on time.
Estamos prontos.	We are ready.

Entradas (Tickets)

a entrada/o bilhete	admission fee/ticket
entrada proibida	no admittance
a bilheteira	the ticket office
meia-entrada	half-price
Quero/queremos ir . . .	I/we want to go . . .
ao cinema/ao teatro	to the movies/theater
Começa . . .	It begins . . .
Acaba . . .	It ends . . .
Que peça/filme recomenda?	Which play/film do you recommend?
uma comédia	a comedy/farce
uma peça musical	a musical play
uma revista	a revue
Em que cinema/teatro?	In which movie theater/theater?
Há ainda bilhetes/lugares para . . .	Are there still tickets/seats left for . . .
hoje à noite?	tonight?
esta sessão?	this performance?
Qual é o preço das entradas?	What is the price of the tickets?

Opera, Concerts, Ballet

Gosto/não gosto de . . .	I like/don't like . . .
opera/concertos	opera/concerts
balé clássico (moderno)	classical (modern) ballet
Onde fica a sala de concertos?	Where is the concert hall?
o teatro/a ópera	the theater/the opera house
Tem um programa?	Do you have a program?
É preciso traje a rigor?	Is formal attire required?
LOTAÇÃO ESGOTADA	SOLD OUT

Other entertainment

a discoteca/a boite/o show	disco/nightclub/show
as danças folclóricas	folk dancing
as casas de fados (o fado)	"fado" clubs
a tourada/os esportes	bullfight/sports
o jogo de futebol	soccer game
as corridas de cavalos/automóveis	horse/automobile races

EATING OUT

Traditional Portuguese food is delicious, and even the unfamiliar dishes are worth trying. In general, you will find the best cuisine, at good prices, in a restaurant **(um restaurante)**. Restaurants are classified by a plaque on the wall, featuring a plate **(um prato)** and up to four sets of silverware **(talheres),** representing the four categories: **luxo** (luxury), **1a. (primeira**— 1st class); **2a. (segunda**—2nd class); **3a. (terceira**—3rd class—usually the **tascas,** a sort of bar-restaurant where the food is good and plentiful). The menu **(a ementa** or **a lista)** is also displayed outside.

O restaurante/the restaurant

Sra. Gomes looks after her grandchildren while Maria and Frank have an evening out in Lisbon. They go to a **casa de fados,** where they dine to the sound of the famous **fado** songs accompanied by guitars.

Frank:	**Tem uma mesa** para dois?
Empregado:	Sim, senhor. **Venham comigo** . . . Temos esta **perto da** janela e aquela mais perto do corredor. Esta aqui é melhor.
Maria:	Pois. Ficamos com esta então. Obrigada.
Empregado:	Aqui está **a ementa e a lista dos vinhos.** Fiquem à vontade. (returning later to take the order) Já escolheram? Senhora . . .

Maria:	Sim. Traga-nos uns petiscos variados **para começar,** por favor.
Empregado:	Sim, senhora.
Maria:	**E depois** . . . uhm . . . queria comer peixe. **O que recomenda.?**
Empregado:	Caldeirada é a especialidade da casa, e hoje está excelente.
Maria:	Pois. Caldeirada, então.
Frank:	Eu vou comer ensopado de cabrito à moda da casa.
Empregado:	**E para beber?**
Frank:	Uma garrafa de vinho da casa **para mim. E para ti,** Maria?
Maria:	Vinho verde para mim, por favor. Meia garráfa. (45 minutes later . . .)
Empregado:	Que desejam para sobremesa?
Maria:	Uma torta de amêndoas e um pudim flan.
Empregado:	**Querem café** ou **um digestível?**
Maria:	Sim. Uma bica e um cálice de Moscatel, por favor.
Frank:	Vinho do Porto para mim. E **a conta,** se faz favor.

Do you have a table?

Tem uma mesa?	Do you have a table?
Para quantas pessoas?	For how many people?
para dois	for two
Somos quatro/oito.	There are four/eight of us.
Venham comigo.	Come with me.
Tenho/temos esta/aquela.	I/we have this one/that one.
perto da janela/do corredor	by the window/the aisle
Fico/ficamos com esta.	I/we will take this one.

Asking and ordering

Empregado! (*or* **Faz favor!**)	Waiter!/Waitress!
Traga-nos . . .	Bring us . . .
uns petiscos variados	a selection of appetizers
uma entrada/uma sobremesa	a first course/a dessert
a ementa (*Braz.*: **o cardápio**)/	the menu/
a lista dos vinhos	the wine list
Um momento, por favor, ainda não escolhi.	Just a moment please. I still haven't chosen.
Queria comer . . .	I'd like to eat . . .
peixe/frutos do mar	fish/seafood
carne	meat
caça e criação (aves)	game and poultry
O que recomenda?	What do you recommend?
Como é este prato?	What is this dish made of?

Não gosto deste prato.	I don't like this dish.
Não pode trocar?	Can't you change it?
Podia trazer-nos . . .?	Could you bring us . . .?
sal/açúcar/pimenta	salt/sugar/pepper
um guardanapo/pão	a napkin/some bread
E para beber?	And to drink?
para mim/ti	for me/you

Some dishes

sopa/salada	soup/salad
caldeirada	seafood casserole
ensopado de cabrito	kid stew
carne assada	roast beef
bacalhau	cod (traditional Portuguese specialty)

Desserts

uma sobremesa	a dessert
uma torta de amêndoas/ laranja/chocolate	an almond/orange/ chocolate pie
um pudim flan	a creme caramel
Querem café/ um digestível	Would you like coffee/ an after-dinner drink
Sim, uma bica (*Braz.*: um cafezinho).	Yes, a small black coffee.
um cálice de moscatel	a small glass of muscatel (a sweet, fortified dessert wine)
vinho do Porto	Port wine
vinho da Madeira	Madeira wine
um licor	a liqueur

The bill

A conta, por favor.	The bill, please.
Queremos pagar separadamente.	We'd like to pay separately.
Acho que há um engano.	I think there is a mistake.
Não compreendo esta conta.	I don't understand this bill.
Pode explicar-me esta conta?	Can you explain this bill to me?
O serviço está incluído?	Is the tip included?
Guarde o troco./Isto é para o senhor (a senhora).	Keep the change./This is for you.
Muito obrigado(-a), estava muito bom/ excelente.	Thank you very much, it was very good/ excellent.

Useful phrases

o prato do dia	the dish of the day
pratos regionais	regional dishes
caseiro(-a)	homemade
à moda da casa	chef's specialty
especialidade da casa	specialty of the house

the way it works

para (for)

To say that something is for someone, just put the word **para** before the subject pronoun (**eu, tu, você, ele, ela, nós, vocês, eles, elas**). This applies to all except for the first two: "for me," which becomes **para** *mim,* and "for you," which becomes **para** *ti.*

para meu marido/para minha filha   for my husband/for my daughter

How to say "to start with," "to follow"

Eu quero (*or* **Para mim**) sopa **para começar e depois,** carne assada.

I'd like soup to *start with* and roast beef *afterwards.*

The verb **começar** (to begin/to start), is regular and is conjugated in the same way as all the regular verbs of the **-ar** group. The word **depois** means "after" and "later." When it means "later" it is used on its own, but when it's used to say "after" it is followed by a preposition (**da, de, do, das, dos**):

Queria uma salada, uma caldeirada, **e depois,** um café.
    I'd like a salad, a caldeirada, *and later,* a coffee.
Eles chegaram **depois *das*** dez (horas).
    They arrived *after* ten o'clock.
Depois *do* teatro, vamos jantar.
    After the theater, we are going to have dinner.

things to do

6.3 You are going to the movies. Answer the questions **a bilheteira** asks you, and address your questions to her.

Ela: Quer bilhetes para esta sessão?
You: (Yes, you do. Ask for 4: 2 adults, 2 children.)
Ela: São 1.400$00, por favor.
You: (Write this amount down in full.)

6.4 Take a look at this menu and write in English the names of the dishes.

Frutos do mar variados
Sopa de feijão verde
Salada de batatas com ovos
Omelete de atum
Pato à moda da casa
Bacalhau à portuguesa
Carne assada
Torta de laranja
Pudim flan

Ementa

- Frutos do mar variados
- Sopa de feijão verde
- Salada de batatas com ovos
- Omelete de atun
- Pato à moda da casa
- Bacalhau à Portuguesa
- Carne assada
- Torta de laranja
- Pudin flan

BUYING SOUVENIRS

umas lembranças/gifts

After the morning service at the church in Sintra, Maria remembers that she hasn't bought any gifts to take to her friends back home, and the family goes together to the souvenir shops around Sintra's main square. Célia also wants to buy something.

Maria:	Bom dia. Podemos **dar uma vista de olhos na loja?**
Vendedora:	**Sim, claro!** Fiquem à vontade.
Maria:	Queríamos umas lembranças para os amigos. **Nada muito caro,** coisas simples, mas típicas de Portugal.
Vendedora:	Pois! Temos galos, louças de barro, azulejos, lenços, os bordados, as rendas, artigos de couro . . . Podem escolher à vontade. **Quanto decidirem é só chamar-me.**
Maria:	Obrigada.

In the souvenir shop

dar uma vista de olhos na loja (*Braz.*: dar uma olhada . . .)	look around the shop
Pois!/Sim, claro!	Yes, of course!
Claro que sim./Claro que não.	Of course./Of course not.

Fiquem à vontade.	Take your time.
umas lembranças/lembrancinhas	some souvenirs/small souvenirs
uns presentes	some presents
para os amigos/a família	for friends/family
nada muito caro	nothing too expensive
coisas simples	simple things
coisas típicas	traditional things
coisas leves/fáceis de levar	things that are light/easy to carry
Podem escolher.	You can choose/look around.
Quando decidirem é só chamar-me.	When you have decided, just call me.

Portuguese souvenirs

as filigranas	filigree jewelry
de ouro/de prata	(made of) gold/silver
artigos de couro (cabedal)	leather goods
os bordados/as rendas	embroidery/lace
bordado à mão	hand-embroidered
os lenços/os xales	handkerchieves/shawls
os galos	roosters
o galo de Barcelos	the Barcelos rooster (legendary Portuguese symbol)
as louças de barro/ de porcelana	pottery/china
os azulejos	Portuguese tiles

TALKING ABOUT THINGS

agarra que é ladrão!/stop thief!

The saleswoman is busy with Maria and Célia. Frank and José are waiting for them outside, when José sees someone shoplifting. He shouts: **AGARRA QUE É LADRÃO!** Everyone hurries outside as the thief disappears up a side street. The police arrive.

Policial:	O ladrão era homem ou mulher?
José:	**Era uma mulher jovem.**
Policial:	O menino pode descrevê-la?
José:	Sim. **Ela tinha cabelos longos** e claros, **era alta** e **usava** calças compridas . . . acho que eram azul claro . . . não me lembro bem . . . e blusa branca de mangas curtas.
Policial:	O menino lembra-se de mais algum detalhe?
José:	Uhm . . . ela tinha óculos de sol.
Policial:	Poderia descrever o que viu?

José:	Ela entrou naquela loja, olhou à sua volta, tirou uma coisa daquela prateleira e **rapidamente** meteu na sua mala de mão. Quando eu gritei "agarra que é ladrão", ela fugiu.
Policial:	E para onde foi?
José:	Foi naquela direção e logo desapareceu numa daquelas ruas.
Policial:	**Obrigada pela sua ajuda. Donde é?**
José:	Sou da Inglaterra.
Policial:	O menino fala muito bem português!
José:	Obrigado. Minha mãe é portuguesa, meu pai é inglês.
Policial:	Ah! Sim. Adeus. **Fico-lhe muito grato.**

Describing people and things

o ladrão/a ladra	the (male/female) thief
homem/mulher	man/woman
Pode descrevê-la (-lo)?	Can you describe her (him)?
Poderia descrever o que viu/o que aconteceu?	Could you describe what you saw/what happened?
Ela tinha . . .	She had . . .
cabelos longos e claros	long, fair hair
era/não era alta	was/wasn't tall
usava . . .	was wearing . . .
Acho que . . .	I think that . . .
Acho que sim/Acho que não.	I think so/I don't think so.
lembrar-se	to remember
Não me lembro bem.	I don't remember very well.
Não estou certo(-a).	I am not sure.
Mais algum detalhe?	Any other details?
Ela usava óculos de sol.	She was wearing sunglasses.
Ela entrou/olhou/tirou/correu.	She went in (entered)/looked/took/ran.
à sua volta	all around (her)
rapidamente	quickly
meter/meteu	to put in/you, he, she, it put in
gritar/gritei	to shout, to scream/I shouted, I screamed

69

OTHER PHRASES

Fala muito bem português.	You speak Portuguese very well.
Obrigado(-a) pela sua ajuda.	Thank you for your help.
Pode ajudar-me, por favor?	Can you help me, please?
Fico-lhe muito grato/grata.	I am very grateful to you.
Fala inglês?	Do you speak English?

Perdas e danos (Loss and theft)

PEGA LADRÃO!	STOP THIEF!
Socorro! Polícia!	Help! Police!
um/uma policial	a police officer
Fui . . .	I have been . . .
roubado(-a)	robbed/mugged
atacado(-a)	attacked
furtaram	they stole
Roubaram-me . . .	They stole my . . .
a mala de mão	handbag
a carteira/a bolsa	wallet/purse
Perdi-me.	I am lost.
Perdi . . .	I have lost . . .
os meus documentos	my documents
o meu passaporte	my passport
Onde fica o posto de polícia?	Where is the police station?
o consulado/a embaixada	the consulate/the embassy

Other emergencies

Emergência! Urgência!	Emergency!
Houve um acidente.	There has been an accident.
Chame uma ambulância.	Call an ambulance.
Chame um médico.	Call a doctor.
Há feridos/mortos.	There are wounded/dead.
FOGO!	FIRE!
PERIGO!	DANGER!
PARE!	STOP!

the way it works

How to say you are doing something (the present continuous)

If you want to say that you *are doing* something, you use the present participle of the verb. This is formed by adding **-ando** (for **-ar** verbs), **-endo** (for **-er** verbs), or **-indo** (for **-ir** verbs) to the stem:

us**ar**	us**ando**	(wearing)
corr**er**	corr**endo**	(running)
sa**ir**	sa**indo**	(leaving)

The present continuous is formed by the verb **estar** plus the present participle:

Eu **estou saindo** agora.	I am leaving now.
Eles **estavam correndo.**	They were running.
Ela **está usando** óculos.	She is wearing glasses.

This form is preferred in most parts of Brazil.
In Portugal the infinitive is more often used:

correr	a correr	fazer	a fazer
Ela **estava a** correr.		**Estamos a fazer** compras.	
She was running.		We are shopping.	

Describing people and things

The verbs for describing people, things, and actions — usually **ser** and **estar** — are used in the imperfect tense when talking about the past:

Ser is followed by an adjective:
Ela era alta.   She was tall.

Estar is often followed by the present participle:
Ele estava correndo, comprando, saindo, etc.

Note: The present and imperfect of the verb **ter** (to have) is also used to describe people and things:

Ela **tinha** olhos azuis.	She had blue eyes.
A casa **tem** jardins lindos.	The house has beautiful gardens.

Adverbs

Look how the endings of these adjectives change, to transform them into adverbs:

Adjective		*Adverb*	
rápido(-a)	quick	rapida**mente**	quickly
gracioso(-a)	graceful	graciosa**mente**	gracefully
triste	sad	triste**mente**	sadly
alegre	joyful	alegre**mente**	joyfully

Just add **-mente** to all adjectives other than those ending in the masculine(**-o**). These must be put in the feminine before adding **-mente,** as in the first two examples above. All accent marks are dropped in this form.

Stating your nationality

Look at the question the police officer asked José:
Donde é?   Where are you from?
And Jose's answer:
Sou da Inglaterra.   I am from England.
Note: This is a contraction. In Brazil, you must say, "**De onde é?**"

a Escócia	Scotland
a Irlanda	Ireland
o País de Gales	Wales
os Estados Unidos da América (EUA)	United States of America

Sou da Grã-Bretanha	Sou britânico/britânica
da Inglaterra	inglês/inglesa
da Escócia	escocês/escocesa
do País de Gales	galês/galesa
de Portugal	português/portuguesa
da Irlanda	irlandês/irlandesa
dos EUA	americano/americana
do Brasil	brasileiro/brasileira

Some opposites

alto(-a)	–	baixo(-a)	tall, high	–	short, low
longo(-a)	–	curto(-a)	long	–	short
gordo(-a)	–	magro(-a)	fat	–	slim
grosso(-a)	–	fino(-a)	thick, rude	–	thin, refined
grande	–	pequeno(-a)	big	–	small
feio(-a)	–	bonito(-a)	ugly	–	pretty
velho(-a)	–	jovem	old	–	young (people)
novo(-a)	–	velho(-a)	new, young	–	old
dentro	–	fora	in(side)	–	out(side)

things to do

7.1 Translate the following text into Portuguese:

In a souvenir shop

Good morning. I'd like to see some shawls, please. Made of wool, cotton, or silk. They can be either black or white. And also (**também**) some embroidered handkerchiefs, and small pottery objects (**objetos**).

7.2 Translate the following text into English:

An emergency
(You are in a department store and have been robbed.)

Por favor, gostaria de falar com o gerente *(the manager)*. (He comes.) Meu nome é . . . Sou americano. Fui roubado nesta loja há poucos *(few)* minutos. Roubaram-me a carteira, meu passaporte e todos os meus documentos. Pode ajudar-me? Pode chamar a polícia e o meu consulado? Este é o número do telefone. Muito obrigado.

THANKS AND PACKING

não esqueça/don't forget . . . .

It's time to leave and the family is busy packing.

Célia:	Mãe, deixe-me **fazer a** minha **mala.**
Maria:	Está bem. **Não esqueça** os presentes. Ainda estão no saco de plástico.
José:	Célia, por acaso não há visto o novo dicionário de português que comprei? **Não o encontro!**
Célia:	Está naquela gaveta lá.
Maria:	Frank . . . a nossa **documentação,** os **bilhetes aéreos,** os **documentos** do carro . . .
Frank:	Deixe que eu cuido disso.
José:	Pai, quem vai encarregar-se da máquina fotográfica?
Frank:	Eu mesmo, filho. Vamos deixá-la fora da mala.
Maria:	**Pronto!** As malas estão prontas e fechadas. Ufa, quanta bagagem!
Sra. Gomes:	(comes in holding some items of clothing) Maria, e estas camisolas? Não vão levá-las?
Maria:	Oh! Esqueci-me delas. **Vou ter que** abrir a mala novamente!

Packing

fazer as malas	to pack
Deixe-me fazer as minhas malas.	Let me pack my suitcase.
Não esqueça . . .	Don't forget . . .
Esqueci-me delas (deles)!	I forgot them!
ainda estão	they are still
no saco de plástico	in the plastic bag

por acaso/ao acaso/em caso de	by chance/at random/in case of
Não o (a) encontro.	I can't find it.
naquela gaveta lá	in that drawer over there
Deixe que eu cuido disso.	Let me take care of that.
encarregar-se de	to be in charge of
eu mesmo	myself
vamos deixá-la(-lo)	let's leave it
pronto!	ready! finished!
As malas estão prontas.	The suitcases are ready.
Nós estamos prontos.	We are ready.
Ufa, quanta bagagem!	Ugh, so much luggage!
Não vão levá-las(-los)?	Aren't you taking them?
Vou ter que . . .	I'll have to . . .
abrir a mala novamente.	open the suitcase again.

What they are packing

os presentes	the presents
o novo dicionário de português	the new Portuguese dictionary
a máquina fotográfica	the camera
a documentação/os documentos/os bilhetes aéreos	the documentation/the documents/the plane tickets
as camisolas	the sweatshirts

adeus/goodbye

They say goodbye to their family and friends.

Frank:	Obrigado pela hospitalidade. Passamos umas férias maravilhosas.
Sra. Gomes:	O prazer foi nosso, Frank. Vamos sentir **saudades** de vocês.
Maria:	Virão visitar-nos na Inglaterra, não é?
Sra. Gomes:	Quem sabe . . . talvez em agosto.
José:	Venha sim, vovó. Venha conhecer a nova cidade onde moramos.
Frank:	Esperamos recebê-los em nossa nova casa.
Maria:	Adeus a todos e até breve.
All:	Adeus. Até breve. Boa viagem!

Thanks and goodbyes

Obrigado(-a) pela hospitalidade
acolhida/pelo acolhimento
Passamos . . . maravilhosos(-as)
   umas férias
   momentos
   uma noite/um dia

Thank you for your hospitality
your reception/welcoming
We had a wonderful . . .
   vacation
   time/moments
   an evening/a day

O prazer é/foi nosso/meu.
sentir saudades
ter saudades de casa
Virão visitar-nos, não é?
Quem sabe . . . talvez.
Venha/venham sim!
a nova cidade/casa onde moramos
Esperamos recebê-los (-las).
Espero vê-la (-lo, -los, -las) novamente.
Adeus./Até breve./Boa viagem.

Até a vista.
Até a próxima.

It is/was our/my pleasure.
to miss/be nostalgic
to be homesick
You will visit us, won't you?
Who knows . . . maybe/perhaps.
Please do come!
the new city/house where we live
We look forward to having you.
I look forward to seeing you again.
Goodbye./See you soon./Have a good
   trip.
Until we meet again.
Until next time.

things to do

7.3 You are leaving and you want to thank the Portuguese friends with whom
you have been staying.
  1 Thank them for their hospitality.
  2 Say you had a lovely vacation and you hope they will come to visit you
in your country.
  3 Say you look forward to seeing them again.

1.1 Sim, somos./Sim, são./Sim, é./Aqui está./De nada.
1.2 1 sou. 2 somos. 3 é. 4 são. 5 sou. 6 estamos. 7 é. 8 é.
1.3 1 meu. 2 seu. 3 nossa. 4 nossos. 5 minha. 6 suas.
1.4 (a) 2. (b) 5. (c) 3. (d) 1. (e) 4.

2.1 1 Tenho vinte anos. 2 Sim, tenho . . .; Não, não tenho. 3 Tem . . .
2.2 1a Estação de Santa Apolónia. 2a. Sé. 3a. Estação do Rossio.
2.3 1 A que horas é o pequeno almoço? Das oito às dez. 2 A que horas chega o seu amigo (a sua amiga)? Chega às sete e um quarto (or sete e quinze). 3 A que horas parte o comboio? Parte às quinze e trinta. 4 A que horas abre o museu? Abre às nove e quartenta e cinco./Abre às quinze para as dez/às dez menos um quarto/ às dez menos quinze.

3.1 Dois bilhetes para Coimbra, segunda classe./Hoje. Quero dois bilhetes de ida e volta./Quanto custa o bilhete de segunda classe no expresso?/Não fumadores. A que horas parte o comboio?/Parte do cais número dois dentro de vinte minutos?
3.2 4. 1. 2. 6. 5. 3. 8. 7
3.3 1 cinquenta e cinco escudos e vinte e cinco centavos 2 trezentos e trinta escudos 3 dois mil e quinhentos escudos 4 mil duzentos e cinquenta escudos 5 quinhentos e quarenta e cinco escudos.
3.4 1 Maria vai para o hotel. 2 Célia e José vão ao correio. 3 Nós vamos ao banco. 4 Eu vou para o aeroporto.

4.1 1 comprar sapatos. 2 um pacote de biscoitos. 3 comprar uma gravata e umas calças compridas. 4 quer comprar aspirinas. 5 quer comprar peixe, carne e um quilo de tomates.
4.2 1 à sapataria. 2 biscoitos no supermercado. 3 à loja de roupas. 4 na farmácia. 5 à peixaria, ao talho, e à mercearia.
4.3 1 meia dúzia de ovos. 2 cem gramas de queijo. 3 uma garrafa de vinho tinto. 4 duzentos gramas de presunto. 5 meio quilo de tomates. 6 um pacote de manteiga.
4.4 1 Sim, gostam. 2 Não, não gosto. 3 Sim, gosta muito. 4 Sim, gostamos.
4.5 1 Telefonista, quero fazer uma chamada (quero ligar) para a Inglaterra. 2 número cinco-cinco-cinco-oito-zero-um-sete. 3 Ligação/chamada a cobrar no destino, por favor.
4.6 1 Sim, já./Não, ainda não. 2 Sim, eles/elas ainda estão aqui. 3 Sim, eles/elas já fizeram as malas. 4 Não, nós ainda não fizemos as malas.

5.1 Bom dia/boa tarde. Tenho uma dor no estômago (dói-me o estômago). Pode recomendar-me algo?/Esta manhã. Acho que comi algo que me fez mal (que não me fez bem)./O que recomenda?/Quantos devo tomar e quantas vezes por/ao dia?
5.2 1 When did you start to feel unwell? 2 He thought I had indigestion. 3 Some tablets. Take one three times a day.
5.3 1 Tenho uma dor de cabeça (dói-me a cabeça). 2 Tenho uma dor neste dente (dói-me este dente). 3 Pode (poderia) recomendar-me um médico? 4 Eu vomitei. 5 Não me sinto bem (sinto-me mal). 6 Onde há uma farmácia? 7 Estou doente.
5.4 1 de cabeça. 2 de dente. 3 nas costas. 4 no estômago.
5.5 headaches, fever, colds, and flu
5.6 1 Meu carro está avariado. Pode verificar? 2 Tenho um pneu vazio. (Um pneu está vazio.) 3 Pode verificar o óleo e a água, por favor? 4 O motor aquece demais.
5.7 1 Danger! Stop! 2 Caution! Pedestrian Crossing! 3 Toll in 500 meters. 4 No Traffic. (Traffic not allowed.)

6.1 1 Levanto-me às sete e meia (sete e trinta da manhã), banho-me e visto-me. 2 Tomo . . . às oito horas. 3 Saio . . . às oito e vinte. 4 Vou . . . de comboio.

6.2 1 cloudy with showers 2 windy and cloudy 3 a lovely day 4 rainy and cold 5 sunny and hot

6.3 Sim, por favor. Quero quatro: dois adultos e duas crianças./mil e quatrocentos escudos.

6.4 a selection of seafood/green bean soup/potato and egg salad/tuna omelette/ chef's duck specialty/cod Portuguese style/roast beef/orange tart/creme caramel.

7.1 Bom dia. Queria ver alguns xales, se faz favor. De lã, algodão ou seda. Podem ser pretos ou brancos. E também alguns lenços bordados e pequenos objetos de barro.

7.2 Excuse me, I'd like to speak to the manager. My name is. . . . I am American. I was robbed in this store a few minutes ago. They stole my wallet, passport, and all my documents. Can you help me? Can you call the police and my consulate? This (here) is the telephone number. Thank you very much.

7.3 1 Muito obrigado(-a) pela sua hospitalidade (acolhida). 2 Passei umas férias maravilhosas. Espero que venha (venham) visitar-me(-nos) na(no) . . . 3 Espero vê-lo(-la, -los, -las) novamente.

VOCABULARY

Numbers 0–100

0	zero	11	onze	22	vinte e dois/duas	40	quarenta
1	um/uma	12	doze	23	vinte e três	50	cinqüenta
2	dois/duas	13	treze	24	vinte e quatro	60	sessenta
3	três	14	catorze	25	vinte e cinco	70	setenta
4	quatro	15	quinze	26	vinte e seis	80	oitenta
5	cinco	16	dezasseis	27	vinte e sete	90	noventa
6	seis	17	dezassete	28	vinte e oito	100	cem/cento
7	sete	18	dezoito	29	vinte e nove		cem becomes cento
8	oito	19	dezanove	30	trinta		in front of
9	nove	20	vinte	31	trinta e um		another number.
10	dez	21	vinte e um	32	trinta e dois/duas		

Numbers 101–1000

101	cento e um/uma	300	trezentos	700	setecentos
150	cento e cinqüenta	400	quatrocentos	800	oitocentos
200	duzentos	500	quinhentos	900	novecentos
250	duzentos e cinqüenta	600	seiscentos	1000	mil

Ordinals

first	primeiro/a	fifth	quinto/a	ninth	nono/a
second	segundo/a	sixth	sexto/a	tenth	décimo/a
third	terceiro/a	seventh	sétimo/a		
fourth	quarto/a	eighth	oitavo/a		

Higher numbers

1,650	mil quinhentos e cinqüenta	31,460	trinta e um mil,
2,000	dois mil		quatrocentos e sessenta
10,000	dez mil		

Months of the year (os meses do ano)

January	Janeiro	July	Julho
February	Fevereiro	August	Agosto
March	Março	September	Setembro
April	Abril	October	Outubro
May	Maio	November	Novembro
June	Junho	December	Dezembro

The seasons (as estações do ano)

Spring	a Primavera
Summer	o Verão
Autumn	o Outono
Winter	o Inverno

VOCABULARY

The time (o tempo)

day	o dia
month	o mês
year	o ano
week	a semana
weekend	o fim-de-semana
clock	o relógio
hour	a hora
minute	o minuto
second	o segundo

Colours (as côres)

black	preto/a	pink	cor-de-rosa
blue	azul	purple	roxo/a
brown	castanho/a	red	vermelho/a
green	verde	silver	prateado/a
grey	cinzento/a	white	branco/a
golden	dourado/a	yellow	amarelo/a
navy blue	azul marinho	light	claro/a
lilac	lilás	dark	escuro/a

Clothes and accessories (roupas e acessórios)

belt	o cinto	dress	o vestido
blouse	a blusa	gloves	as luvas
bra	o soutien	handbag	a mala de mão
panties	as calcinhas	hat	o chapéu
coat	o casaco	jacket	a jaqueta
nightgown	a camisola	jeans	os jeans
pajamas	o pijama	suit	o fato/o terno
raincoat	a capa de chuva	swimsuit	o fato de banho/ o maiô
scarf	o lenço de pescoço	tie	a gravata
shirt	a camisa	tights	o collant
shorts	os calções	sweatsuit	o fato de corrida/ o agasalho
skirt	a saia		
slip	a saia de baixo/ a combinação	trousers	as calças
		t-shirt	a camiseta
socks	as peúgas	briefs	as cuecas
stockings	as meias	umbrella	o guarda-chuva

Shoes

boots	as botas	shoes	os sapatos
sandals	as sandálias	tennis shoes	os ténis

Shops (as lojas)

antique shop	o antiquário	hairdresser	o cabelereiro
bank	o banco	jewelry store	a ourivesaria
bookshop	a livraria	shoemaker	o sapateiro
clothes shop	a boutique	stationery store	a papelaria
drugstore	a farmácia	toystore	a loja de brinquedos
dry cleaner	a tinturaria		

VOCABULARY

Jewelry (jóias)

bangle	o bracelete	earrings	os brincos
bracelet	a pulseira	filigree jewelry	as filigranas
brooch	o broche	necklace	o colar
chain	a corrente	pendant	o pingente
clock/watch	o relógio	ring	o anel
cross	a cruz		

At the drugstore

antiseptic	o anti-séptico	indigestion	o remédio para
band-aids	os pensos rápidos	remedy	indigestão
bandage	o curativo	painkiller	o analgésico
contraceptive	o contraceptivo	tablet	o comprimido
cotton	o algodão	throat lozenges	as pastilhas para a
disinfectant	o desinfectante		garganta
gauze	a gaze		

Toiletries and cosmetics

blusher	o blush	cleansing	o creme de limpeza
comb/hair	o pente/a escova	moisturizing	o creme hidratante
brush	de cabelos	hand cream	o creme para as mãos
deodorant	o desodorizante	shaving cream	o creme de barbear
diapers	as fraldas	shampoo	o shampoo
emery board	a lima de unhas	soap	o sabonete
lipstick	o batom	suntan lotion	o bronzeador
razor blade	a lâmina de barbear	tissues	os lenços de papel
sanitary	os pensos	toilet paper	o papel higiênico
napkins	higiênicos	toothbrush	a escova de dentes
cream/lotion	o creme	toothpaste	a pasta de dentes

Food shops

baker	a padaria	market	o mercado
butcher shop	o talho/o açougue	pastry shop	a pastelaria
delicatessen	a salsicharia	produce market	a quitanda
fishmarket	a peixaria	supermarket	o supermercado
grocery	a mercearia		

Fish (peixe)

clams	as amêijoas	sardines	as sardinhas
cod	o bacalhau	shrimp	os camarões
crab	o caranguejo	sea bass	o robalo
jumbo shrimp	as gambas	sole	o linguado
lobster	a lagosta	squid	as lulas
mussels	os mexilhões	trout	a truta
mackerel	a cavala	tuna	o atum
oysters	as ostras	whiting	a pescada
octopus	o polvo		

Vegetables (os legumes)

beans	o feijão	lentils	as lentilhas
cabbage	o repolho	lettuce	a alface
carrot	a cenoura	mushrooms	os cogumelos
cauliflower	a couve-flor	onions	as cebolas
chick-peas	o grão de bico	potatoes	as batatas
cucumber	o pepino	pumpkin	a abóbora
eggplant	a berinjela	peas	as ervilhas
garlic	o alho	radishes	os rabanetes
green beans	o feijão verde/	spinach	os espinafres
	as vagens	tomatoes	os tomates
kale	a couve portuguesa	turnips	os nabos
leek	o alho porro		

Fruit (as frutas)

almonds	as amêndoas	orange	a laranja
apple	a maçã	peach	o pêssego
banana	a banana	pear	a pera
coconut	o coco	pineapple	o ananás/o abacaxi
cherry	a cereja	plums	as ameixas
figs	os figos	prunes	as ameixas secas
grapes	as uvas	raspberries	as framboesas
lemon	o limão	strawberries	os morangos
lime	a lima	walnuts	as nozes
melon	o melão		

Meat, game, poultry (carne, caça e criação)

bacon	o toucinho	pheasant	o faisão
beef	a carne	suckling pig	o leitão
chicken	o frango	pigeon	o pombo
duck	o pato	quail	a codorniz
goose	o ganso	rabbit	o coelho
hare	a lebre	steak	o bife
kid	o cabrito	sausage	a salsicha
kidneys	os rins	tongue	a língua
liver	o fígado	turkey	o peru
mutton	o carneiro	venison	o veado
partridge	a perdiz		

Tobacco shop (a tabacaria)

candy	os rebuçados	cigars	os charutos
chewing gum	a chicle	lighter	o isqueiro
chewing tobacco	o tabaco de mascar	matches	os fósforos
cigarettes	os cigarros	pipe	o cachimbo

VOCABULARY

Professions (as profissões)

accountant	contador(-a)	journalist	jornalista
architect	arquiteto(-a)	lawyer	advogado(-a)
bank clerk	bancário(-a)	librarian	bibliotecário(-a)
businessman, -woman	negociante	manager	gerente/diretor(-a)
		nurse	enfermeiro(-a)
civil servant	funcionário(-a) público(-a)	painter	pintor(-a)
		physician	médico(-a)
director	diretor(-a)	sales rep.	representante
doctor	doutor(-a)	salesperson	vendedor(-a)
driver	motorista	student	estudante
employee	empregado(-a)	secretary	secretário(a)
engineer	engenheiro(-a)	teacher	professor(-a)
housewife	dona-de-casa	technician	técnico(-a)

Workplaces

I work in a/an . . .	Eu trabalho num/ numa . . .	hospital	(o) hospital
		college	(a) universidade
bank	(o) banco	office	(o) escritório
library	(a) biblioteca	school	(a) escola
market	(o) mercado	shop	(a) loja
factory	(a) fábrica		

Table setting

bowl	a tigela	plate	o prato
cup	a xícara	spoon	a colher
fork	o garfo	tablecloth	a toalha de mesa
glass	o copo	teaspoon	a colherinha
knife	a faca		

Parts of the body

ankle	o tornozelo	hand	a mão
arm	o braço	head	a cabeça
back	as costas	heart	o coração
blood	o sangue	kidney	o rim
bone	o osso	knee	o joelho
breast	o seio	leg	a perna
ear	a orelha/o ouvido	mouth	a boca
eye	o olho	nose	o nariz
face	o rosto	rib	a costela
finger	o dedo	shoulder	o ombro
foot	o pé	skin	a pele
hair	o cabelo	stomach	o estômago

Parts of the car

battery	a bateria	ignition	a ignição
brakes	os travões/os freios	lights	as luzes
carburetor	o carburador	radiator	o radiador
clutch	a embreagem	steering wheel	o volante
engine	o motor	tires	os pneus
exhaust	o cano de escape	wheels	as rodas
headlight	o farol	windshield	o pára-brisa

Places and Architecture

botanical gardens	o jardim botânico	fortress	a fortaleza
		harbor	o porto
bridge	a ponte	monastery	o mosteiro
castle	o castelo	monument	o monumento
chapel	a capela	museum	o museu
church	a igreja	old town	a cidade velha
convent	o convento	palace	o palácio
downtown	o centro da cidade	park	o parque
flea market	a feira da ladra	ruins	as ruínas

Landscapes

cave	a caverna	mountain	a montanha
hill	a colina	river	o rio
island	a ilha	sea	o mar
lake	o lago	valley	o vale

Portuguese — English Vocabulary

Note: (*m*) = masculine; (*f*) = feminine; (*pl*) = plural, (*adj*) = adjective

à tabela on time
á vontade (ficar a . . .) (be at) ease, informal
aberto/a open
abrir to open
acampar to camp
acho que I think that
acidente (*m*) accident
acolhida (*f*) reception, welcome
açúcar (*m*) sugar
adeus goodbye, farewell
adulto (*m*) adult
aéreos of the air; **bilhetes —** plane tickets
agora now
água (*f*) water
aguaceiro (*m*) shower (rain)
água potável (*f*) drinking water
aí there
ainda still; yet
ajuda (*f*) help, assistance
alegre happy
alegria (*f*) happiness
alérgico/a allergic
alfândega (*f*) customs
algo something
algum/alguma some, any; **alguma coisa** something
ali there
almoçar to lunch
almoço (*m*) lunch
alto/a high, tall
alugar to rent, hire
amanhã tomorrow
amável nice, kind
ambulância (*f*) ambulance
amêndoa (*f*) almond
amigo/a (*m/f*) friend
anos (*m.pl*) years
ao to the, for the
apanhar to seize, catch, collect; to be beaten
aperitivo (*m*) aperitif
apertado tight
apertar to pinch, tighten; **— a mão** to shake hands
aquecer to warm up, to heat up
aquele/aquela that (one)
aqui here; **— tem** here is, here it is
ar (*m*) air
artigo (*m*) article

às bolas spotted, dotted
às compras shopping; **ir às —** to go shopping
áspero rough
às riscas striped
assinar to sign
atacar to attack
até breve see you soon
atrasado/a late
autocarro (*m*) bus
avaria (*f*) damage, breakdown
avariado damaged, broken-down (car)
avião (*m*) airplane
avô, avó grandfather, grandmother
azul marinho navy blue
azulejos (*m.pl*) ceramic tiles

bagagem (*f*) luggage, baggage
bairro (*m*) neighborhood
baixo low; short
banco (*m*) bank
bar (*m*) bar, snack bar
barato inexpensive, cheap
barro (*m*) clay; **louça de —** clay pottery
beleza (*f*) beauty
bem well; **— feito** well done; **está —** it's all right
bica (*f*) small, black coffee
bilheteira (*f*) ticket office
bilhete (*m*) ticket; **— aéreos** tickets
boa noite good night; **— tarde** good afternoon/evening; **— viagem** have a good journey
bola (*f*) ball
bolo (*m*) cake
bom/boa good; **bom dia** good morning
branco (*m*)(*adj*) white

cabeça (*f*) head
cabedal (*m*) leather
cabelos (*m.pl*) hair
cabine telefônica (*f*) telephone booth
cada each
café (*m*) coffee
cais (*m*) platform, quay
caixa (*f*) cashier, cash register
cálice (*m*) small glass for aperitif
calmo calm, peaceful
calor (*m*) heat
cama (*f*) bed
câmbio (*m*) exchange

caminhar to walk
caminho (*m*) the way
camioneta (*f*) bus
campo de tênis (*m*) tennis court
canto (*m*) song, corner
caravana (*f*) van
carne (*f*) meat, flesh
caro expensive, costly
carro (*m*) car
carta (*f*) letter, chart; **– de condução** (*f*) driver's license
cartão de crédito (*m*) credit card
carteira (*f*) wallet
casa (*f*) house; **– de banho** (*f*) bathroom
casal (*m*) couple, married couple
caseiro/a homemade, homey
cavalo (*m*) horse
centro (*m*) center
certeza (*f*) assurance; **com –** certainly
certo/a correct; **estar –** to be right
chá (*m*) tea
chapa (*f*) token, disk
chapéu (*m*) hat
chamar to call; **chamada telefônica** telephone call
chave (*f*) key
chega! enough!
chegar to arrive
cheio full
cheque (*m*) check
chuva (*f*) rain
chuveiro (*m*) shower
cidade (*f*) city, town
cinema (*m*) film; theater
claro! of course
classe (*f*) class
coisa (*f*) thing
colocar to put, place
com certeza certainly, surely
comboio (*m*) train
começar to start, begin
comer to eat
comida (*f*) meal, food
comigo with me
como? how?
comprar to buy
comprimido (*m*) pill, tablet
concha (*f*) shell
conduzir to drive; to lead
conhecer to know
consulado (*m*) consulate
consulta (marcar uma . . .) (*f*) (make an) appointment

consultório (*m*) doctor's office
conta (*f*) bill
continuar to continue, carry on
conto (um) one thousand escudos
copo (*m*) drinking glass
cor (*f*) color
correio (*m*) post office
corrente (*f*) chain
correr to run
correspondência (*f*) mail
couro (*m*) leather
crédito (*m*) credit
criança (*f*) child
curto/a short

dança (*f*) dance
dançar to dance
daquele(s), daquela(a) of that, of those
decidir to decide
defeito (*m*) defect
deitar to lie down
dele(s), dela(s) his, her, their
delicioso/a delicious
demais too much
demorar to be late
dentadura (*f*) denture
dente (*m*) tooth
dentista (*m/f*) dentist
dentro inside
depois after, afterwards
depressa fast
descrever to describe
desculpe(-me) excuse me
detalhe (*m*) detail
devagar slow
dia (*m*) day
diabético/a diabetic
dieta (*f*) diet
dinheiro (*m*) money
direção (*f*) direction
direita right; **à –** on the right
direto straight ahead, direct
documentação (*f*) documentation
documentos (*m.pl*) documents
doente (*adj*) ill
doente (*m/f*) the patient
dói-me it hurts
dólar (*m*) dollar
donde? from where?
dor (*f*) pain, ache
doutor/a doctor
do/da/de of from
dúzia (*f*) dozen

electricidade (f) electricity
elétrico (m) trolley car
ele/ela he/she
em in; at; **– que? where?** in which?
ementa (f) the menu
emergência (f) emergency
empurre push
encarregar-se to be in charge of
encomenda (f) order, package
encontrar to meet, to find
enganar to deceive, to trick
engano (m) mistake
ensopado (m) stew, casserole
então then; **desde –** since then; **até –** until then
entrada (f) entry, entrance, ticket
equipado/a equipped
errado wrong
escolher to choose
especialidade (t) specialty
esposa (f) wife
esquecer to forget
esquerda left; **à –** on the left
esquina (f) corner, intersection
esse/essa that (one)
estação (f) station – **de serviço** (f) filling station
estacionar to park, to pull up
estampado/a printed (material), patterned
estar to be
este/esta this (one)
estilo (m) style
eu I
examinar to examine
explicar to explain
é is
e and

fácil easy
família (f) family
farmácia (f) pharmacy, drugstore
febre (f) fever
fechar to close
fechado/a closed
feio/a ugly
férias (f.pl) vacation
ficar to remain; to stay; **– com** to keep; **fica bem** it suits, it fits; **fica-te bem** it fits you
ficha (f) form; **preencher uma –** to fill out a form; token (for public telephone); plug (elect.)
filho/a son/daughter

filigrana (f) filigree
filme (m) film
fim (m) end
fogo (m) fire
folheto (m) brochure
fome (f) hunger
fora out, outside
forte strong
fraco weak
frio/a cold
fruta (f) fruit
fumadores (m.pl) smokers; smoking section
fumar to smoke
funcionário/a civil servant, official
furado punctured, pierced
furtar to steal

garçom (m) waiter
garrafa (f) bottle
gasolina (f) gasoline
gaveta (f) drawer
gelado (m) ice cream
gengiva (f) gums
gente (f) people
gerência (f) management
gerente (m/f) manager
gostar to like
gostaria would like
grande big, great
grato/a grateful
gritar to shout, scream
grito (m) shout, scream
guardanapo (m) napkin
guia (m) guide

há there is, there are
hoje today
homem (m) man
hora (f) hour
horário (m) timetable, schedule
horrível horrible
hospital (m) hospital
hospitalidade (f) hospitality

igual equal, the same
ingrato/a ungrateful
ir to go

já already, now **desde –** henceforth
janela (f) window
jardim (m) garden
jogo (m) game
jornal (m) newspaper

VOCABULARY

jovem (*adj*) young; **jovem** (*m/f*) young person/teenager

lá there
ladra (*f*) thief
ladrão (*m*) thief, robber
lamento I am sorry
largo wide
lata (*f*) tin can
lavar to wash
lembrança (*f*) souvenir
lembrar to remember
lenço (*m*) scarf, handkerchief
lentes de contacto (*f.pl*) contact lenses
levar to take; **leve-me** take me
leve light
libra (*f*) **esterlina** pound sterling
lindo/a beautiful
língua (*f*) language, tongue
liquidação (*f*) sale, bargain
liso/a smooth
lista (*f*) list, menu
litro (*m*) liter
logo soon
loja (*f*) shop
longe far
longo/a long
lugar (*m*) place

mãe/mamãe (*f*) mother/mom
mais more — **ou menos** more or less; — **tarde** later, later on
mas but
mala (*f*) suitcase; — **de mão** handbag
manga (*f*) sleeve
mangueira (*f*) hose; mango tree
mão (*f*) hand
mapa (*m*) map
máquina (*f*) machine
mar (*m*) sea
maravilhoso/a marvelous, wonderful
marido (*m*) husband
medicamento (*m*) medicine
médico (*m*) physician
medidas (*f.pl*) measurements
meio (*m*) middle; **no** — **da rua** in the middle of the road
meio/meia half
melhor (*m*) the best; **melhor** (*adj*) better, best
melhorar to improve, to get better
menino/a boy/girl
menos less
mesa (*f*) table

mesmo, mesma same
meu, minha mine
minutos (*m.pl*) minutes
moderno/a modern
moedas (*f.pl*) coins
morar to live
mostre-me show me
motor (*m*) engine
motorista (*m/f*) driver
muito very much
mulher (*f*) woman, wife
música (*f*) music

nada nothing; **de** — don't mention it
nadar to swim
não no; — **há** there isn't, there aren't; — **percebo** I don't understand
naquele/a in/on/at that
neste(s), nesta(s) in this/these, on this/these
nome (*m*) name
notas (*f.pl*) notes
novamente again
no/na in/on/at the
novo/a new, young
num, numa in/on a

objecto (*m*) object
obrigado/a thank you
óculos (*m.pl*) spectacles, glasses
olá hi, hello
olhar to look at, to observe
omelete (*m*) omelette
onde? where?; **onde está?** where is?
ontem yesterday
os/as the
ou or
ouro (*m*) gold
outro/a another (one)

pacote (*m*) package
pagar to pay
peixe (*m*) fish
pai/papai (*m*) father, dad
país (*m*) country
pão (*m*) bread
par (*m*) pair
para to, for; — **mim** for me/to me; — **ti** for you/to you
paragem de autocarro (*f*) bus stop
pare stop
parque (*m*) park; — **de campismo** (*m*) campground
partir to leave

VOCABULARY

partir-se to break
passante (m/f) passerby
passaporte (m) passport
pegar to hold, to take
pelo/a by, for, at, on, through
pensão (f) boarding house
pensar to think; penso que I think
that
pequeno small, − almoço breakfast
perda (f) loss
perder to lose, miss
perigo (m) danger
perto near, close
pesado heavy
pessoa (f) person
petiscos (m.pl) appetizers
pimenta (f) pepper
pior (m) the worst; pior (adj) worse,
worst
plástico (m) plastic; (adj) plástica/o
made of plastic
pneu (m) tire
pois because, then, so; − claro! of
course
polícia (f) police
por by, through, for; − acaso by
chance; − favor please
porcelana (f) porcelain, china
porque because; por que? why?
postal (m) postcard; (adj) postal
pouco/a little, a little, few
pousada (f) inn, hotel
praça (f) square (in a city)
praia (f) beach, seaside
prata (f) silver
prateleira (f) shelf
prato (m) plate
prazer (m) pleasure
preciso I need; é − it's necessary
preço (m) price
presente (m) present, gift
problema (m) problem
programa (m) program
proibido/a forbidden, not allowed
pronto/a ready, finished
provar to prove
próximo/a next; estar − de to be close to
puxe pull

qual/quais? which?
quando? when?
quanto é?/quanto custa? how much
is it?/what does it cost?
quantos/as? how many

quarto (m) room
que who, whom, which; o quê? what?;
que bom! great! good!; que pena!
what a pity!
quem? who?
Quem sabe? Who knows?
quente hot
querer to want; quer, querem? do you
want?

radiador (m) radiator
rápido fast
raquete (f) tennis racket
receber to receive
receita (f) prescription; recipe
receitar to prescribe
recepção (f) reception
recibo (m) receipt
recomendar to recommend
registrar to register (a letter); to record
remédio (m) medicine; remedy
renda (f) lace
repetir to repeat
repousar to rest; repouso (m) rest
reservar to reserve; reservado/a
reserved
residencial (adj) residential
restaurante (m) restaurant
revista (f) magazine
roubar to steal
rua (f) road, street

saída (f) exit, way out; − de
emergência (f) emergency exit
sal (m) salt
sala (f) sitting room; − de jantar
dining room
salada (f) salad
salto (m) raso/alto flat/high heels
saudade (f) longing for someone/
something/nostalgia
saudável healthy, wholesome
saúde (f) health
se faz favor please
sede (f) thirsty
seguro de saúde (m) health insurance
selo (m) stamp; seal
sem without
semana (f) week
sempre always
senhor/senhora Mr./Mrs./Miss
sentir to feel
separado/a apart, separated
ser to be

VOCABULARY

serviço (*m*) service; job, work
servir to serve; to fit, be suitable
seu(s) your, yours
sim yes
simpático/a nice, kind, pleasant
simples simple; one-way (ticket)
sinal (*m*) signal/ sign
sobremesa (*f*) dessert
socorro (*m*) help
sol (*m*) sun
sopa (*f*) soup
sorte (*f*) luck, fortune

talher (*m*) set of knife, fork and spoon;
 talheres (*m.pl*) silverware
talvez maybe, perhaps
também also, too
teatro (*m*) theater
tecido (*m*) material, fabric
telefone (*m*) telephone; **a ligação/
 chamada telefônica** telephone call
telefonista (*m/f*) operator
tempo (*m*) time; weather
tenda (*f*) tent
tenho I have
todos/todas/tudo all, every
tomar to take
torta (*f*) tart
trabalho (*m*) work, job
traje a rigor (*m*) formal attire
trânsito (*m*) traffic
trazer to bring
triste sad
tristeza (*f*) sadness
trocar to change, exchange; **troco**
 I change
troco (*m*) change (money)

um/uma one, a, an
uma ligação/chamada a phone call
um momento one (just a) moment
usar to wear; to use

vazamento (*m*) leak
vazio empty
velho/a old
vendedor/a salesman/woman
vender to sell
vento (*m*) wind
ver to see, look
verdade (*f*) the truth; **verdade?** really?
 Is that true?
verificar to verify, check
vestir to dress
vez/vezes (*f*) time/time; **uma vez**
 once; **duas vezes** twice
viajar to travel; **viagem** (*f*) trip, journey
vida (*f*) life
visita (*f*) visit, guest
visitar to visit
vitrine (*f*) display window
viver to live
voltar to come back, return
vontade (*f*) will, desire; **à –** at ease,
 comfortable; **fique à –** make yourself
 at home; take your time

xadrez (*m*) chess board (*adj*) checkered
xale (*m*) shawl